DVDでうまくなる！
少年野球
練習メニュー210

個人
グループ
チーム

YBC野球塾　監修

西東社

Training MENU of
Junior Baseball

210

First Message

野球がうまくなるための練習メニューは 野球が楽しくなる練習メニュー！

　本書では「野球がうまくなりたい」と思っている皆さんのために、野球が上達する練習メニューを210個紹介しています。その多くは基本的な練習ですが、裏を返せば、それだけ基本が重要だということでもあります。どんな選手も基本がしっかりしていなければ、絶対に上達はしません。皆さんは、まずそれを覚えてください。

　頑張って練習して、野球がうまくなれば、今までできなかったことができるようになり、試合でも勝てるようになるはずです。その喜びを知れば、野球の楽しさも倍増します。つまり、野球がうまくなる練習メニューとは、野球がもっと好きになる練習メニューでもあるのです。

　大好きな野球をずっと続けていくために、皆さんは練習で、思いっきり打って、投げて、走る、ようにしてください。そうすることで、野球が上達して、野球がもっと好きになるはずです。

YBC野球塾・塾長　田野倉俊男

CONTENTS 目次
Training MENU of Junior Baseball 210

本書の使い方	11
DVDの使い方	12
指導者の心得	14
目的別スキルアップシート	20
野球のルールと基礎知識	24

第1章　守備がうまくなる練習メニュー｜キャッチボール編　27-62

キャッチボールの練習メニューについて …… 28

ボールを投げる　DVD

1	正しくボールを握る	1-1	30
2	正しいフォームでボールを投げる	1-1	31
3	地面に「T」字を描いて投げる	1-1	32
4	相手へまっすぐ投げる	1-2	33
5	強いボールを投げる	1-2	34
6	距離を伸ばしてキャッチボール	1-2	35

ボールを捕球する

7	捕球体勢を覚える	1-3	36
8	素手で大きく円を描く	1-3	37
9	グローブをして大きく円を描く	1-3	38
10	トスボールをグローブにのせる	1-4	39
11	正面のボールを捕球する		40
12	左右のボールを捕球する	1-4	41
13	素手で捕球してフタをする	1-4	42
14	グローブで捕球してフタをする	1-4	43

ゴロを捕球する

15	ゴロ捕球のフットワークを覚える	1-5	44
16	素手で正面のゴロを捕球する	1-5	46
17	ノックで正面のゴロを捕球する	1-5	47
18	素手で捕球してスローイングする	1-5	48
19	グローブで捕球してスローイングする	1-5	49

フライを捕球する

20	フライ捕球のフットワークを覚える	1-6	50
21	自分で投げたボールを捕球する	1-6	52
22	ノックで正面のフライを捕球する	1-6	53
23	ダッシュで落下地点に移動して捕球する	1-7	54
24	体を切り返す練習	1-7	55
25	体を切り返してフライを捕球する	1-7	56
26	フライを捕球してからスローイングする	1-7	57

総合練習

27	クイックスローでキャッチボールをする	58
28	遠投で強いボールを投げる	59

矯正レスキュー

29	トスボールを手のひらで受ける	60
30	トスボールを手のひらでキャッチする	61
31	トスボールを木の板でキャッチする	62

第2章 守備がうまくなる練習メニュー｜ポジション別練習編 63-104

捕手の練習　**DVD**

	捕手の練習メニューについて		64
32	ランナーがいないときの基本体勢を覚える	2-1	66
33	ランナーがいるときの基本体勢を覚える	2-1	67
34	正面のボールを捕球する	2-1	68
35	左右のボールを捕球する	2-1	69
36	高低のボールを捕球する	2-1	70
37	ショートバウンドのボールを捕球する	2-1	71
38	捕球後に1塁へ送球する	2-2	72
39	捕球後に2塁へ送球する	2-2	73
40	捕球後に3塁へ送球する	2-2	74
41	ウエストボールのフットワークを覚える		75
42	キャッチャーゴロを処理して1塁へ送球する	2-3	76
43	キャッチャーゴロを処理して2塁へ送球する	2-3	77
44	キャッチャーゴロを処理して3塁へ送球する	2-3	78
45	キャッチャーフライを捕球する	2-3	79
46	クロスプレーのフットワークを覚える		80
47	カバー練習		81

内野手の練習
内野手の練習メニューについて ……………………………………………………… 82
48	低いバウンドのゴロを捕球する	2-4	84
49	ベルトから胸の高さのゴロを捕球する	2-4	85
50	高いバウンドのゴロを捕球する	2-4	85
51	ショートバウンドのゴロを捕球する	2-4	86
52	ランダムバウンドのゴロを捕球する		86
53	シングルキャッチでゴロを捕球する	2-5	87
54	逆シングルキャッチでゴロを捕球する	2-5	87
55	1塁手のダブルプレー	2-6	88
56	2塁手のダブルプレー	2-6	89
57	2塁手のダブルプレー時のトス練習	2-6	90
58	3塁手のダブルプレー	2-7	91
59	遊撃手のダブルプレー	2-7	92
60	遊撃手のダブルプレー時のトス練習	2-7	93

外野手の練習
外野手の練習メニューについて ……………………………………………………… 94
61	外野ゴロを捕球する	2-8	96
62	外野フライを捕球する	2-8	97
63	フェンス際の外野フライを捕球する	2-8	98
64	外野ゴロを捕球してバックホーム	2-9	99
65	外野フライを捕球してバックホーム	2-9	100
66	クッションボールの処理	2-9	101

矯正レスキュー
67	素手で連続ゴロキャッチ	102
68	壁当てキャッチ	103
69	鏡の前で手の向きを確かめる	104

第3章 攻撃がうまくなる練習メニュー｜バッティング編　105-147

バッティングの練習メニューについて ………………………………………………… 106

打撃フォーム作り　**DVD**
70	正しくバットを握って構える	3-1	108
71	スタンスを決める	3-1	109
72	バッターボックスで構える	3-1	110

73	ステップ練習	3-1	111
74	最短距離でバットを出す練習		112
75	ピッチャーをイメージして素振り		113
76	リスト素振り	3-2	114
77	面素振り	3-2	114
78	ミートポイント素振り	3-2	115
79	ゴルフ素振り	3-2	115
80	リストターン素振り	3-3	116
81	ワッグル	3-3	117
82	片手素振り	3-3	118

ミート

83	真ん中の止まったボールに当てる	3-4	118
84	低めの止まったボールに当てる	3-4	119
85	高めの止まったボールに当てる	3-4	119
86	外角の止まったボールに当てる	3-4	120
87	内角の止まったボールに当てる	3-4	121
88	ティー台バッティング	3-5	122
89	ティーバッティング	3-5	123
90	山なりトスバッティング	3-5	124
91	フェイクトスバッティング	3-5	125
92	右方向限定トスバッティング	3-5	125
93	ワッグルトスバッティング	3-6	126
94	ウォーキングトスバッティング	3-6	126
95	グリップエンドヒット	3-6	127
96	ヘッドヒッティング	3-6	127

バント

97	正しいバントの握り方を覚える	3-7	128
98	正しいバントの構えを覚える	3-7	129
99	ヒッティング体勢からバントの構えをとる	3-7	130
100	真ん中のボールをバントする	3-8	131
101	高めのボールをバントする	3-8	132
102	低めのボールをバントする	3-8	132
103	外角のボールをバントする	3-8	133
104	内角のボールをバントする	3-8	133
105	1塁方向へ転がす	3-9	134
106	3塁方向へ転がす	3-9	134

107	転がす場所を決めてバントする	3-9	135
108	連続バント		135
109	スクイズバント	3-10	136
110	ウエストボールをスクイズバント	3-10	136
111	セーフティバント	3-10	137
112	バスター	3-10	137

その他バッティング練習

113	ティー台を使ってバスター		138
114	手と手を離してティーバッティング		138
115	ロングティー		139
116	連続打ち		139
117	ペッパー		140
118	ネットの手前に立ってスイング		140
119	トス練習		141

矯正レスキュー

120	ホースでスイングチェック		142
121	バドミントンのシャトルでバッティング		142
122	長パイプ素振り		143
123	竹ぼうき素振り		143
124	ロープ素振り		144
125	チューブ固定素振り		144
126	右手固定素振り		145
127	プロテクター素振り		145
128	コの字素振り		146
129	コの字ティー台バッティング		146

第4章 攻撃がうまくなる練習メニュー｜走塁編　147-166

走塁の練習メニューについて …… 148

ベースランニング

130	バットを振ってから1塁に走る	4-1	150
131	手前側のベースを踏む	4-1	150
132	右中間ヒットの1塁ベースランニング	4-1	151
133	センター前ヒットの1塁ベースランニング	4-1	152
134	レフト前ヒットの1塁ベースランニング	4-1	152
135	左中間ヒットの2塁ベースランニング	4-2	153
136	右中間ヒットの2塁ベースランニング	4-2	154

137	3塁のベースランニング	4-2	155
138	スライディング練習	4-3	156
139	ヘッドスライディング練習	4-3	157

リードの基本と状況別走塁

140	シャッフルリードを覚える	4-4	158
141	クロスステップリードを覚える	4-4	159
142	1塁ランナーのリード練習	4-5	160
143	2塁ランナーのリード練習（0アウト、1アウトの場合）	4-5	161
144	2塁ランナーのリード練習（2アウトの場合）	4-5	162
145	3塁ランナーのリード練習	4-5	163
146	盗塁練習		164
147	ピッチャーとの盗塁対決		165
148	タッチを避けながらバックする	4-5	166

第5章　ピッチングがうまくなる練習メニュー　167-206

投球フォーム作り

投球フォームを作る練習メニューについて　168

149	正しくボールを握る（投手編）	5-1	170
150	マウンドでまっすぐ立つ	5-1	171
151	ワインドアップモーションで投球する	5-1	172
152	ノーワインドアップモーションで投球する	5-1	174
153	ステップ練習	5-2	176
154	テイクバック練習		177
155	リリースポイントを覚える	5-2	178
156	クイックモーションで投球する		179
157	ワンステップで投球する	5-3	180
158	キャッチャーの要求したコースを狙う	5-3	180
159	バッターを立たせて投球する	5-3	181

牽制球

牽制球の練習メニューについて　182

160	2パターンの牽制を知る		184
161	プレートをはずさず1塁へ牽制する	5-4	185
162	プレートをはずして1塁へ牽制する		186
163	反時計回りで2塁へ牽制する	5-4	187
164	時計回りで2塁へ牽制する	5-4	188

| 165 | 3塁へ牽制する | 5-4 | 189 |

フィールディング
フィールディング、その他の練習メニューについて　190

166	ピッチャーライナーを捕球する	5-5	192
167	ピッチャーゴロを捕球する	5-5	192
168	ダブルプレーをとれずに1塁へ送球する	5-5	193
169	ダブルプレーで2塁へ送球する	5-5	194
170	送りバントで3塁へ送球する	5-6	195
171	スクイズで本塁へ送球する	5-6	196
172	グラブトス練習	5-6	197

身体強化
173	投げ込み練習		198
174	ピッチングフォームを意識して遠投する		199
175	ゴムチューブ練習		200
176	長距離ランニング&ダッシュ		201

矯正レスキュー
177	踏み込む足を意識的に高く上げる		202
178	鏡の前でピッチングフォームチェック		203
179	タオルを使ってシャドーピッチング		203
180	ランドリーケースでバランス矯正		204
181	正対スロー		205
182	折り畳みいすで軸足チェック		206

第6章　チーム力を高める練習メニュー　207-220

総合練習［守備］
183	2塁への中継プレー	208
184	3塁への中継プレー	209
185	バックホームの中継プレー	210
186	ランナー1塁時のバント処理	212
187	ランナー2塁時のバント処理	213
188	スクイズ阻止（ランナー3塁の場合）	214
189	ランナー1塁、3塁のスチール阻止	215
190	ランダウンプレー（ランナー1塁の場合）	216

総合練習［走塁］

- 191 ランナー1塁、3塁のスチール ... 218
- 192 タッチアップ ... 219
- 193 ダブルスチール ... 219
- 194 コーチャー練習 ... 220

第7章 体を作るための練習メニュー　221-237

体を作るための練習メニューについて ... 222

基礎トレーニング

- 195 ウォームアップ＆クールダウンラン ... 224
- 196 シャトルラン ... 224
- 197 クールダウンキャッチボール ... 225
- 198 ストレッチ ... 226

体幹トレーニング

体幹トレーニングについて ... 228

- 199 パワーポジションを見つける練習 ... 230
- 200 片足を上げてまっすぐ立つ ... 231
- 201 鏡に向かって拇指球立ちをする ... 232
- 202 棒ジャンプ ... 232
- 203 両手を垂直に伸ばし、かかと立ちで前に歩く ... 233
- 204 両手を垂直に伸ばし、かかと立ちで横に歩く ... 233
- 205 両手を垂直に伸ばし、つま先立ちで前に歩く ... 234
- 206 両手を垂直に伸ばし、つま先立ちで横に歩く ... 234
- 207 もも上げをしながら片足で前に進む ... 235
- 208 もも上げをしながら片足で横に進む ... 236
- 209 バランスボールで跳ねる ... 237
- 210 両手を伸ばしてバランスボールで跳ねる ... 237

監修者紹介 ... 238

本書の使い方

本書は、基本的な練習から応用力が身につく練習、オリジナル練習まで、
210 個にも及ぶ練習メニューが紹介されています。各項目では、練習の目的や効果、
気をつけるべき点などもあわせて解説していますので参考にしてください。

▶効果
練習で得られる効果や、目的がわかります。

DVD 1-6
DVDに収録されていることを記しています。

▶難易度：★★★★★
練習のむずかしさがわかります。

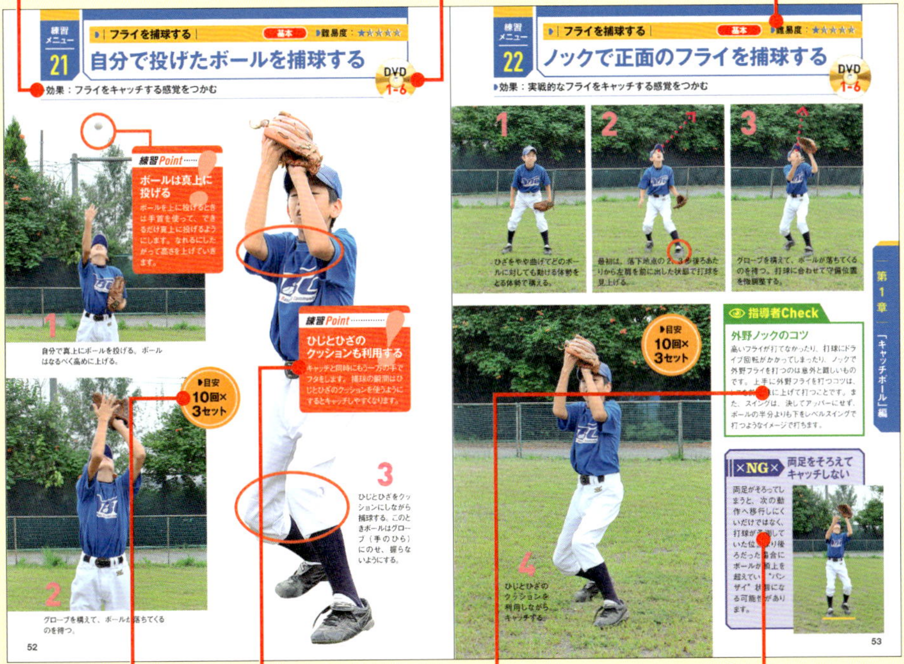

▶目安 10回×3セット
練習をする時間や回数の目安がわかります。

練習Point
練習時のポイントを説明しています。

指導者Check
指導者が覚えておくべきことがわかります。

×NG×
してはいけないプレーが記されています。

DVDの使い方

❶ メインメニューを表示する

DVDをプレイヤーにセットして再生させると、「おことわり」「オープニング映像」と「タイトル画面」のあとに、「メインメニュー」が表示されます。方向キーを動かして画面上にある「SKIP」ボタンを選択すると、オープニング映像を省略することができます。

オープニング画面

タイトル画面

❷ 見たいパートを選ぶ

メインメニュー画面には、5つのパート（章）が収録されています。方向キーを動かして見たい章を選び（色が変わります）、クリックまたは決定ボタンを押して再生してください。すべてを通して見たい場合は、「PLAY ALL」を選んでください。

メインメニュー画面

方向キーで見たいパートを選ぶ

❸ 見たい練習メニューを選ぶ

パートメニュー画面には、それぞれの章に収録されている練習メニューが表示されます。方向キーで見たいものを選び、クリックまたは決定ボタンを押して再生してください。メインメニュー画面に戻るときは「メインメニュー」のボタンを押してください。

パートメニュー画面
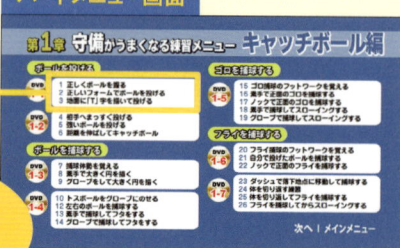

方向キーで見たい練習メニューを選ぶ

DVDの特徴

特徴1 基礎が身につくメニュー多数!

元プロ野球選手の監修者が、実際に指導している、基礎が身につく練習メニューから、「応用力」が身につく練習メニューを多数紹介しています。その総数は134! 各メニューのポイントもわかりやすく解説しています。

基礎能力が高まるメニュー多数

オリジナル練習も収録

特徴2 スロー再生やリプレイ動画で見る

動きの速い部分は「スロー再生」や「リプレイ動画」でじっくりと見ることができ、テロップによる動きの解説と、初心者がおちいりやすい悪い例などもあわせながら、練習をする際のポイントをつかむことができます。

動きの速い部分はスロー解説

悪い例も解説

本書付録 DVD をご使用になる前に

使用上のご注意
● DVD ビデオは、映像と音声を高密度に記録したディスクです。DVD ビデオ対応のプレーヤーで再生してください。プレーヤーによっては再生できない場合があります。詳しくは、ご使用になるプレーヤーの取扱説明書をご参照ください。
● 本ディスクにはコピーガード信号が入っていますので、コピーすることはできません。

再生上のご注意
● 各再生機能については、ご使用になるプレーヤーおよびモニターの取扱説明書を必ずご参照ください。
● 一部プレーヤーで作動不良を起こす可能性があります。その際は、メーカーにお問い合わせください。

取扱上のご注意
● ディスクは両面とも、指紋、汚れ、傷等をつけないように取り扱ってください。
● ディスクが汚れたときは、メガネふきのような柔らかい布を軽く水で湿らせ、内周から外周に向かって放射線状に軽くふき取ってください。レコード用クリーナーや溶剤等は使用しないでください。
● ディスクは両面とも、鉛筆、ボールペン、油性ペン等で文字や絵を書いたり、シール等を貼らないでください。

● ひび割れや変形、または接着剤等で補修されたディスクは危険ですから絶対に使用しないでください。また、静電気防止剤やスプレー等の使用は、ひび割れの原因となることがあります。

鑑賞上のご注意
● 暗い部屋で画面を長時間見つづけることは、健康上の理由から避けてください。また、小さなお子様の視聴は、保護者の方の目の届く所でお願いします。

保管上のご注意
● 使用後は必ずプレーヤーから取り出し、DVD 専用ケースに収めて、直射日光が当たる場所や高温多湿の場所を避けて保管してください。
● ディスクの上に重いものを置いたり落としたりすると、ひび割れしたりする原因になります。

お断り
● 本 DVD は、一般家庭での私的視聴に限って販売するものです。本 DVD およびパッケージに関する総ての権利は著作権者に留保されており、無断で上記目的以外の使用(レンタル<有償、無償問わず>、上映・放映、インターネットによる公衆送信や上映、複製、変更、改作等)、その他の商行為(業者間の流通、中古販売等)をすることは、法律により禁じられています。

YBC野球塾・田野倉流
指導者の心得

教える前に覚えておきたい

野球をまだ知らない子どもたちに、指導者はどのように接していけばいいのか？
チームを強くするだけではない、指導者の大切な心得をご教授します。

野球を好きになってもらえる指導・練習をすることが大切!

「少年時代にどんな指導者に出会ったか」によって、子どもたちの野球人生は大きく左右されると言っても過言でありません。事実、最初に出会った指導者、その練習が原因で、野球を嫌いになってしまう子も少なくありません。

少年野球の指導者にとって最も大切なことは、子どもたちに野球を好きになってもらえるような指導・練習をすることです。子どもたちは、野球が好きになれば、もっとうまくなりたいと主体的に練習に取り組むようになり、つらい練習にも耐えられるようになります。指導者は、「子どもたちが野球を好きになるためにどうすればいいのか？」を念頭に置き、勉強していくことが大切なのです。

子どもたちが野球を嫌いになる原因

▶練習がつらい・面白くない
対処法 単調でつらい練習ばかりにならないようにします。長距離走の代わりに、鬼ごっこをするなど、目的を変えず、子どもたちが飽きない練習を取り入れましょう。

▶野球が上手にならない
対処法 上達は個人差があるので、全員に同じ成果を求めないようにします。個々のレベルに合わせたメニューを与え、できたら次のステップに進めてあげましょう。

▶監督・コーチに怒られる
対処法 「怒る」は御法度。たとえ指導のつもりであっても、大人の判断だけで下した決断は、子どもには伝わりません。指導は、子どもの目線で行いましょう。

指導のポイント 1　子どものレベルに合わせる

最初は楽しさを教えて徐々にレベルを上げていく

　練習や指導は、子どもたちの年齢（技術）が高くなるにしたがって厳しくなるように心がけましょう。まず、小学校低学年まではボールとバットをつかって野球に親しんでもらう、野球とはどのようなスポーツなのかを知ってもらう、そして小学校4年生になったら個人プレーをたくさん教えて、プレーの楽しさを知ってもらう、といったように、大きな狙いを定めておくと、練習メニューや指導方法も立てやすくなるので効果的です。

　狙いを据えるときのコツは、子どもたちの野球や心のレベルを意識することです。心身と不釣り合いな狙いを定めてしまうと、子どもたちのやる気スイッチがオフになってしまいます。

　また指導者は、子どもたちが野球を嫌いにならないようにする、という配慮を持っていなければいけません。

野球を通じて心身の成長を促す

　野球を通して、礼儀作法を教え、人間的成長を促すということも忘れないようにしましょう。アメリカから輸入された"ベースボール"に日本の武道の精神が注入されてできたのが"野球"です。それ故に、礼儀作法は野球の基本、野球の美点でもあるのです。子どもたちが返事や全力プレーができていないときは、しっかりとそれを指摘して、それでもできないときは、叱る（怒ると叱るは違う）ようにするようにしましょう。

■学年別、指導の狙い（例）

▶ ～小学校低学年
目的　ボールとバットになれる
ゴムボール、プラスチックのバット、三角ベースを使って、打つ、投げる、走るを遊びとして行う。バットにボールが当たる喜びなどを通して、野球の楽しさを感じてもらう。

▶ 小学校4年生
目的　個人プレーの楽しさを知る
ピッチャーの投げたボールを打つ、シートノックでいろいろな打球を捕球する、ピッチング練習をするなど、さまざまな個人プレーを体験してもらい、野球の楽しさを知ってもらう。

▶ 小学校5年生
目的　相手のことを思いやる
野球のことがわかってきたら、野球がチームスポーツ、助けあいのスポーツであることを教える。プレーやプレー以外の場面で、相手を思いやることの大切さを教え、人間的成長を計る。

▶ 小学校6年生
目的　練習のつらさ、厳しさを知る
最後まで諦めないこと、つらい練習に耐えることの大切さを身をもって体験させる。成長している子、意識が高い子には、野球以外の部分（生活態度、返事）で、叱るなどしてもよい。

▶ 中学生
目的　自分で問題点を考える
礼儀作法を覚え、野球の楽しさ、つらさも理解していてほしい年頃。客観的に自分のプレーを評価したり、チームメイトのよい点を参考にするなど、より主体的な練習参加を期待する。

こんな間違った指導していませんか？

すべての子どもを同じと考える

野球を始めたばかりの子どもと、数年経験している子どもでは当然練習メニューや指導方法も異なります。同じチームであっても同じ練習をすればいいとは限りません。

【こんな指導は NG】
■すべての子どもに同じ成果を求める
■異なるレベルの子どもに同じ練習をさせる
■最初から厳しい練習をする

指導のポイント2　怒らない、よいところをほめる

9回ほめて1回叱る
叱るであって怒るではない

　子どもを怒鳴りつけている指導者を目にしますが、これは最低の指導法です。子どもたちは怒られると野球を嫌いになってしまい、プレーも消極的になってしまいます。指導者は子どもたちのよい点を見つけ、そこを積極的にほめてあげる必要があります。

　ほめるポイントは、野球のプレーでなくても構いません。もっと頑張ろうと思えるようにどんどんほめてあげてください。また、間違ったことをしたときは、怒るのではなく"叱る"という指導法にしましょう。

■子どもへのほめ言葉（例）
- ▶「バッティングに期待してるぞ」
- ▶「さっきより動きがいいぞ」
- ▶「元気がいいあいさつだな」

こんな間違った指導していませんか？

怒ったり、イライラしたりする

子どもたちは、よく指導者のことを見ていて、感情を敏感に読み取ります。怒りや苛立ちは双方に壁を作るだけなので排除しましょう。

【こんな指導はNG】
- ■頭ごなしに子どもを怒る
- ■自分のイライラを表に出す

指導のポイント3　子どもの目線に合わせる

1人ひとり対応は異なる
その子にあった指導法を

　指導者にとって、子どもの目線に立って指導するということは、とても大切なことです。同じチームにいる同じ年齢の子どもであっても、1人として同じ選手はいません。指導者は1人ひとりがどんな特徴のある選手であるのか、現在どのようなレベルなのか、また、何に伸び悩んでいるのかを知っておく必要があります。それらを知るための方法が"子どもの目線に合わせる"ということなのです。

　具体的には、まず各選手のことをこまめに気にかけながら練習をすること、そして彼らが発しているメッセージを読み取ってあげることが求められます。また、指導をするときに、屈んで子どもと同じ目の高さで教えてあげることも大切です。目線を変えることで、今まで見えなかったことが見えるようになることもあるのです。

こんな間違った指導していませんか？

"上から目線"の指導

選手ごとに柔軟に対応を変えていかなければいけない指導者。できて当然は通用しません。

【こんな指導はNG】
- ■1人ひとりに注意を払わない
- ■上から目線の指導

指導のポイント 4 ケガをさせない

大切な子どもを預かっているということを忘れない

　子どもたちがケガをしないように、周囲を見渡して練習をコントロールすることは、指導者にとっての大きな義務です。小学生の子どもたちは、まだ体ができていないということや、ケガへの危機意識が薄いこともあり、少し油断すると、すぐにケガをしてしまいます。

　指導者はご家族から、大切な子どもを預けられているわけですから、万全の危機管理を行い、ケガを未然に防ぐ努力を怠らないようにしましょう。

　練習開始時や終了時に、ランニングやストレッチ、キャッチボールなどの運動を入念に行い、体をケアすることはもちろん、疲れが見えたら、すぐに休憩させることも大切です。また、危険な行為は極力しないように徹底するように心がけましょう。

こんな間違った指導していませんか？

危機管理不足
子どもたちは、まだ自ら危険を管理することはできません。指導者が1回1回注意を喚起してあげるようにしましょう。
【こんな指導は NG】
■練習がもつ危険を喚起しない

指導のポイント 5 子どもが主役

自分がやりたいようにするのは指導者の自己満足に過ぎない

　指導者にとって、チームを強くすることは仕事の1つですが、だからといってチームを強くすることばかりを考えた、指導者よがりの練習を子どもたちに押しつけてはいけません。あくまで主役は選手たち。指導者は、子どもたちのよいところが伸びるような練習方法を考えて、それを練習に還元していかなければいけません。そのためには、指導者としていろいろな引き出しを持たなければいけません。詳しくは次ページを参考にしてください。

■指導者の練習時のポイント
- 選手のよいところを伸ばす
- チームのムードを盛り上げる
- 選手と自分の不足点を見つける

こんな間違った指導していませんか？

指導者は絶対
指導者の思いのままに選手を動かすのは愚の骨頂。チームのムードも悪くなります。
【こんな指導は NG】
■自分がやりたい練習をやる
■自分のやり方を曲げない

指導のポイント 6 引き出しをたくさん持つ

引き出しの多さが指導者としての力量

　選手と同じように指導者も成長していかなければ、チームは強くなりません。つまり、指導者は、指導力を向上させるために、指導法や考え方を詰め込んだ"引き出し"を増やす努力をする必要があるのです。

　指導者の引き出しは、雑誌や書籍、指導者講習会への参加などで増やすこともできます。特に講習会は、経験のある指導者の生の声が聞ける機会なので、積極的に参加しましょう。

　ポイントは、1度や2度ではなく、何度も行うことです。そうすることで、さまざまな意見や考え方にふれることができ、自分にあった指導方法や、オリジナルの指導方法を導き出すことができるようになります。

■ 引き出し増加の方法

❶ 雑誌や書籍を読む
本書のような練習メニューを紹介した書籍や、野球の技術本、さらにはコーチングについて書かれたものなどを読むと効果的です。

❷ セミナー・講習会に出る
さまざまな野球連盟が、日本各地で指導法や野球の知識を教えてくれる講習会を行っています。意見交換の場としても有効です。

❸ 他チームの指導者と交流する
練習試合を行ったチームの指導者と、ケーススタディで直接意見を交換し合います。野球の指導者でなくても構いません。

こんな間違った指導していませんか？

独自理論を追求
自分1人だけでは、引き出しは増えません。
【こんな指導は NG】
■ 自分の知識と経験だけで指導する
■ 本1冊から得た知識だけで指導する

指導のポイント 7 練習メニューは試合から見つける

試合でできなかったことをできるようにするのが練習

　練習メニューは、試合の内容を見ながら決めるようにしましょう。試合を見ていると、「キャッチボールができていない」「バントが決まらない」などと、チームの課題が浮き彫りになってきます。練習でできないことは試合ではできませんので、ウィークポイントがわかったら、そこを重点的に鍛えるようにしましょう。

■ 試合時の指導者の鉄則

▶ 選手ができていないことを探す
▶ 試合を楽しませる
▶ 選手に対して怒らない

こんな間違った指導していませんか？

エキサイトしてしまう
指導者は常に冷静に試合を見つめましょう。
【こんな指導は NG】
■ 選手に大声で怒鳴り続ける

指導者のための

一筋縄ではいかない、子どもたちへの指導のヒントをレクチャーします。答えは、1つだけではないので、他の方法を周囲の指導者に聞いてみるのもよいでしょう。

Q 上達できずに悩む選手への指導法はありますか？

A なるべく直接指導できる時間を作ってあげて、辛抱強く練習に付き合ってあげましょう。教え方は1つではありませんので、現在行っている練習法があっていないと感じたら、違う角度からの練習に切り替えて目的としていた効果を得られるようにして上げましょう。

Q 選手が試合を楽しめていないような気がします。

A 指導者の試合に勝つことへの執着が、伝わってしまったのではないでしょうか？ミスを叱責したり、バントの指示ばかりを出していれば、試合に勝っても子どもたちにとってはつまらない試合です。指導者は子どもたちがのびのびプレーできる環境を作ってあげるようにしましょう。

Q 技術を正確に教える方法はありますか？

A 「腰を水平に回せ」「腕を強く振れ」など、マニュアル本に書かれているような抽象的な表現では子どもには伝わりません。技術を教えるときは、実際に動きを見せて、どこをどのくらい動かすのか、という具体的なイメージを抱き、実践できるような教えかたをしてあげましょう。

Q ミスをした子にどんな声をかければいいですか？

A ミスをしてしまった子が、一番恐れているのは監督やコーチに怒られることですので、決して怒らないようにします。落ち込んでいる子には「気にするな、バッティングで取り返してこい！」「気持ちを切り替えていこう！」と、気持ちが楽になるような声をかけてあげましょう。

Q 選手たちから好かれなくて悩んでいます。

A 無理に好かれようとする必要はありません。ただし、指導者と選手のパイプ役となる人は必要ですので、監督の他にコーチを置くようにしましょう。コーチが子どもたちとコミュニケーションを積極的にとって、子どもたちと近い存在になれるようにしてください。

Q 子どもたちがやる気になる方法はありますか？

A とにかく"楽しさ"を感じさせてあげることです。楽しさを感じれば、練習がしたくてウズウズするはずです。練習時や、練習後に子どもたちの表情が明るければ練習が楽しい、逆に暗ければ、その練習はどこかしらに問題があるということなので、改善する必要があります。

19

上達への近道! ▶目的別スキル

【総合編】
運動能力をアップしたい

基礎的な運動能力が向上すると、打撃の飛距離、投球の速度、走力がアップ！ 今までできなかったプレーができるようになる。

▶ 練習メニュー **199-210**
■ 体幹トレーニング ≫ P228〜237

[主な練習]
パワーポジションを見つける／片足を上げてまっすぐ立つ／鏡の前で拇指球立ちをする／棒ジャンプ／両手を垂直に伸ばし、かかと立ちで前に歩く／両手を垂直に伸ばし、つま先立ちで前に歩く／バランスボールで跳ねる　など

▶ 練習メニュー **195、196**
■ ランニング系メニュー ≫ P224

[主な練習]
ラン&ダウン／シャトルラン

間違ったクセを直したい

いつの間にかついてしまったクセはなかなか直すことができないが、このメニューをすれば、矯正可能。悪いクセはすぐに直せ！

▶ 練習メニュー **29-31**　　　　▶ 練習メニュー **67-69**
■ キャッチボールのクセ ≫ P60〜62　■ 守備のクセ ≫ P102〜104

[主な練習]　　　　　　　　　　　　[主な練習]
トスボールを手のひらで押し出す／トスボール　素手で連続ゴロキャッチする／壁に当てキャッチ
を手のひらでキャッチする／サンダルキャッチ　／鏡の前で手の向きを確かめる

アップシート

目的を持って練習に臨めば効果は倍増！
自分がなりたいあこがれの選手像が
あるのなら、この練習をしよう！

▶ 練習メニュー **120-129**
■ **打撃のクセ** ≫ P142〜146
[主な練習]
ホースでスイングチェック／バドミントンのシャトルでバッティング／長パイプ素振り／竹ぼうき素振り／ロープ素振り　など

▶ 練習メニュー **67-69**
■ **ピッチングのクセ** ≫ P202〜206
[主な練習]
踏み込む足を意識的に高く上げる／鏡の前でピッチングフォームをチェックする／ランドリーケースでバランス矯正　など

【守備編】
 ## 守備職人になりたい

どんな打球もミスなく、涼しい顔で華麗に捕球する守備職人。
基礎から応用まで繰り返し練習して鉄壁の守りを作り上げよう！

▶ 練習メニュー **15-26**
■ **ゴロ&フライの捕球** ≫ P44〜57
[主な練習]
素手で正面のゴロを捕球する／ノックで正面のゴロを捕球する／素手で捕球してスローイング／自分で投げたボールを捕球する／ダッシュで落下地点に入ってフライを捕球する／体を切り返してフライを捕球する　など

▶ 練習メニュー **48-60**
■ **内野手** ≫ P84〜93
[主な練習]
低いバウンドのゴロを捕球する／高いバウンドのゴロを捕球する／ショートバウンドのゴロを捕球する／シングルキャッチ／逆シングルキャッチ／ダブルプレー　など

▶ 練習メニュー **61-66**
■ **外野手** ≫ P96〜101
[主な練習]
外野ゴロを捕球する／外野フライを捕球する／フェンス際の外野フライを捕球する／外野ゴロを捕球してバックホーム／外野フライ捕球してバックホーム／クッションボールの処理

☑ チームプレーの動きを覚えたい

野球は状況に応じてすべての選手が異なる動きをしなければいけない。さまざまな状況を想定して、チームメイトと一緒に練習しよう！

▶ 練習メニュー **183-194**
■ 総合練習［守備］》 P208～216

［主な練習］
2塁への中継プレー／3塁への中継プレー／バックホームの中継プレー／ランナー1塁時のバント処理／ランナー2塁時のバント処理／スクイズ阻止／ランダウンプレー　など

【打撃編】
☑ 打率を上げたい

どんなボールが来ても確実にミート、確実にヒットを打つ！チームのリードオフマンになりたいならこの練習だ！

▶ 練習メニュー **83-96、113-118**
■ ミート練習、その他バッティング練習
　》 P118～127、P138～140

［主な練習］
ティー台バッティング／ティーバッティング／山なりボールトスバッティング／フェイクトスバッティング／右方向限定トスバッティング／ワッグル／ウォーキングトスバッティング／グリップエンド ヒット／ヘッドヒッティング／連続打ち／ロングティー　など

☑ 小技の効く選手になりたい

バントやバスター、狙い打ち、テクニック豊富な選手はチームの宝！チームのためにいろいろなテクニックを身につけよう！

▶ 練習メニュー **97-112、117**
■ バント練習、その他バッティング練習 》 P128～137、P140

［主な練習］
ヒッティング体勢からバントの構えをとる／真ん中のボールをバントする／高めのボールをバントする／低めのボールをバントする／1塁方向へ転がす／3塁方向へ転がす／転がす場所を決めてバントする／連続バント／セーフティバント／バスター／ペッパー　など

【走塁編】
☑ 走塁のスペシャリストになりたい

リード1つで相手ピッチャーを混乱させたり、少しのスキをついて次の塁を狙ってくるランナーは、相手にとっては脅威！

▶ 練習メニュー **130-148**
■ ベースランニング、リード練習 ≫ P150〜166

[主な練習]
バットを振ってから1塁に走る／手前側のベースを踏む／右中間ヒットの1塁ベースランニング／センター前ヒットの1塁ベースランニング／レフト前ヒットの1塁ベースランニング／左中間ヒットの2塁ベースランニング／右中間ヒットの2塁ベースランニング／3塁のベースランニング／スライディング練習／ヘッドスライディング練習／シャッフルリードを覚える　など

【投球編】
☑ 制球力を高めたい

狙ったところへズバッと投球。どんな強打者にも打たれないピッチング術……。頼られるエースになルための練習メニューはこれ！

▶ 練習メニュー **150-159、173-177**
■ フォーム作り、身体強化 ≫ P171〜183、P198〜201

[主な練習]
マウンドでまっすぐ立つ／ステップ練習／テイクバック練習／リリースポイントを覚える／クイックモーションで投球する／ワンステップでの投球する／キャッチャーの要求したコースを狙う／バッターを立たせて投球する／ゴムチューブ練習／長距離ランニング&ダッシュ　など

【 メモ欄 】　※気がついたことなどを書こう!

23

野球のルールと基礎知識 Rules and Basic Knowledge

基本のルール　　　　　　　　　　　　　　　　　　　　　　　　　Basic

- 試合を行うには監督1人、選手9人以上が必要。選手が9人そろわないときは没収試合となり相手チームの勝ちとなる。
- 3アウトで攻守交代となる。イニングは少年部・学童部の場合は7イニング制。7イニングを終了して同点の場合は、延長戦を行う。ただし大会規定に準じて時間制限や延長戦のイニング数が制限されることがある。
- 故意に試合の進行を妨げる行為や、危険行為を置かした場合は退場処分となることがある。
- 選手交代などで一度ベンチに退いた選手は、再びゲームに出場できない。
- 最終回を終えた時点で得点の多いチームが勝利。最終回の先攻チームの攻撃が終わり、後攻チームの得点が多い場合は、後攻チームの攻撃は行わず終了となる。大量得点差がついたときは、最終回を待たずしてコールドゲームになることもある。
- ユニフォームは監督、選手全員が同じ色とデザインのものを着用する。
- バッターは必ずヘルメットを着用して打席に入る。ランナーとして残った場合もヘルメットは着用したままでいる。

守備のルール　　　　　　　　　　　　　　　　　　　　　　　　　Defense

- 野手がボールを持っていないとき、ボールをキャッチする行為をしていないときにランナーの走塁を妨害すると、走塁妨害。ランナーの進塁が許される。
- フェアボールへ故意にグローブや防具を当てると、打者には3個の塁が与えられる。
- ノーアウトまたはワンアウトで、ランナーが1塁、2塁、もしくは満塁のときに内野フライが打ち上がり、審判がインフィールドフライを宣告した時点でアウト。落球してもアウトになる。
- 相手ランナーが塁を踏み忘れたり、タッチアップのスタートが早すぎた場合には、野手が直接審判にアピールできる。
- バッターのスイングがキャッチャーミットに当たり、バッティングを妨害してしまった場合は「打撃妨害」として1塁への進塁が与えられる。

ピッチャーのルール　　　　　　　　　　　　　　　　　　　　　　　Pitcher

- ピッチャープレートに触れると、投手になる。それまでは野手の扱いになる。
- 試合開始前やイニングの開始前に、「準備投球」をすることができる。
- バッターに向かって投球動作を始めたら、途中で止めず投球を完了しなければならない。止めるとボークとなり、塁上にいるすべてのランナーに1個の安全進塁権が与えられる。
- キャッチャーの返球を受けてから、20秒以内に投げないとボールカウントを取られる。
- ピッチャープレートに触れずに投球動作を行ったり、触れた状態でボールを落とす、セットポジションで完全に静止した状態をつくらない場合などにボークとなる。
- 牽制はつま先が投げる方向を向いていない場合、ランナーのいない塁に牽制球を投げるとボークになる。
- ボールや投球する手につばをつけてはいけない。

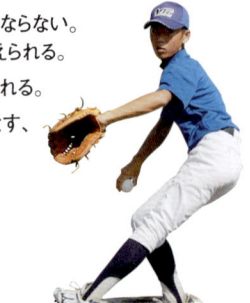

24

野球にはここでは紹介しきれないほど多くのルールがあります。しかし、それらを最初にすべて覚えることは至難の業。ここでは最低限のルールを紹介します。細かいルールは試合をしながら覚えていきましょう。

打撃のルール　　　　　　　　　　　　　　　　　　　　Batting

- 両足はバッターボックスに置いて構える。ピッチャーが投球動作に入ったらバッターボックスの外に出てはいけない。
- バッターボックスの外へ足を置いて打つとアウトになる。足が空中にある場合は問題なし。
- バッターボックス内で打球が体に触れた場合はファウル、フェアゾーンでで野手が触れる前に触れた場合はアウトになる。
- フェア地域に転がったボールが再びバットに当たった場合、バッターは守備妨害でアウトとなる。
- ノーアウトまたはワンアウトで、ランナーが1塁、2塁もしくは満塁のときに内野フライが打ち上がり、審判がインフィールドフライを宣告した時点でバッターはアウトになる。
- 四球はボールインプレー、死球はボールデッドとなる。

走塁のルール　　　　　　　　　　　　　　　　　　　Base-running

- 塁上ではホームに近いランナーのベース占有権が優先される。
- 走塁時は、ベースとベースを結ぶベースラインから、大きく外れてはいけない。走路を外れてしまったときは、即アウトとなることがある。
- 野手がフライを捕球したら、ランナーは元いたベースに触れ直さなければいけない。捕球より前にベースを離れた場合は、アウトになる。
- フィールド内では、打球に対する野手の最初の守備が優先され、それを邪魔をすると守備妨害。アウトとなる。
- ランナーに、野手が触れる前の打球が当たった場合は、故意であってもなくても守備妨害でアウトとなる。

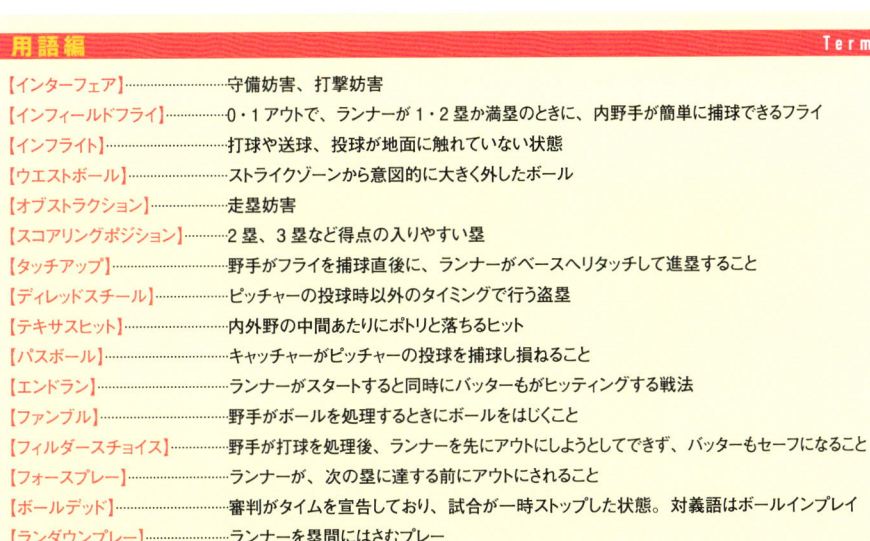

用語編　　　　　　　　　　　　　　　　　　　　　　　　　　Term

【インターフェア】	守備妨害、打撃妨害
【インフィールドフライ】	0・1アウトで、ランナーが1・2塁か満塁のときに、内野手が簡単に捕球できるフライ
【インフライト】	打球や送球、投球が地面に触れていない状態
【ウエストボール】	ストライクゾーンから意図的に大きく外したボール
【オブストラクション】	走塁妨害
【スコアリングポジション】	2塁、3塁など得点の入りやすい塁
【タッチアップ】	野手がフライを捕球直後に、ランナーがベースへリタッチして進塁すること
【ディレッドスチール】	ピッチャーの投球時以外のタイミングで行う盗塁
【テキサスヒット】	内外野の中間あたりにポトリと落ちるヒット
【パスボール】	キャッチャーがピッチャーの投球を捕球し損ねること
【エンドラン】	ランナーがスタートすると同時にバッターもがヒッティングする戦法
【ファンブル】	野手がボールを処理するときにボールをはじくこと
【フィルダースチョイス】	野手が打球を処理後、ランナーを先にアウトにしようとしてできず、バッターもセーフになること
【フォースプレー】	ランナーが、次の塁に達する前にアウトにされること
【ボールデッド】	審判がタイムを宣告しており、試合が一時ストップした状態。対義語はボールインプレイ
【ランダウンプレー】	ランナーを塁間にはさむプレー
【ワイルドピッチ】	ピッチャーがキャッチャーにとれないような暴投を冒すこと

球場編　　　　　　　　　　　　　　　　　　　　　　　　　　Stadium

学童部（小学生）の軟式野球は、通常よりも小さいグラウンドで行われます。ピッチャーマウンドからホームまでの距離や塁間の距離などを覚えて、キャッチボールなどの練習に取り入れるようにしましょう。

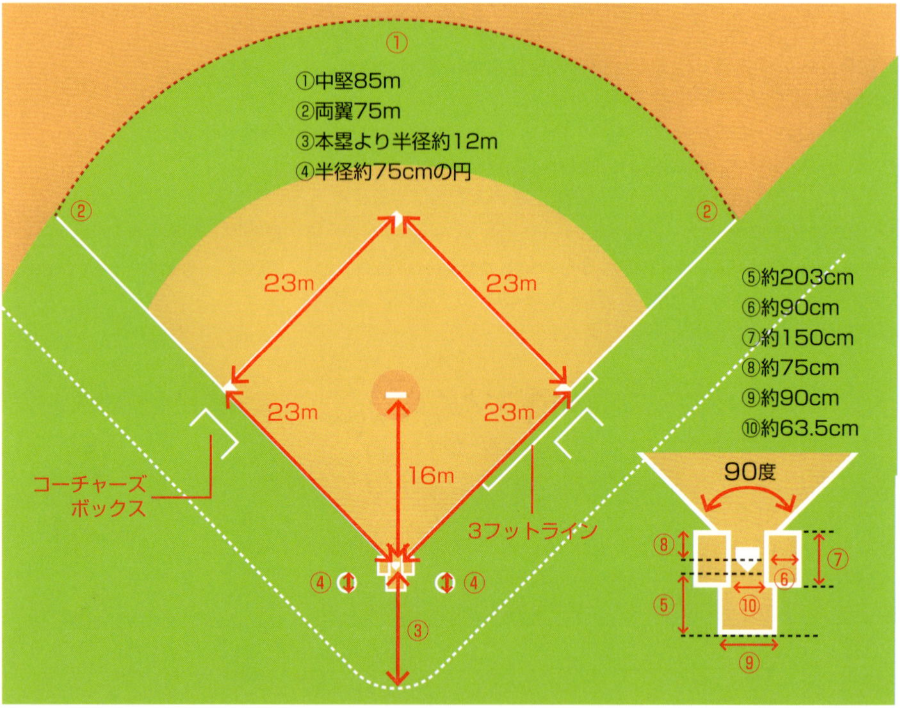

① 中堅85m
② 両翼75m
③ 本塁より半径約12m
④ 半径約75cmの円

23m　23m　23m　23m　16m

コーチャーズボックス
3フットライン

⑤ 約203cm
⑥ 約90cm
⑦ 約150cm
⑧ 約75cm
⑨ 約90cm
⑩ 約63.5cm

90度

ストライクゾーン編　　　　　　　　　　　　　　　　　Strike Zone

バッターが構えた姿勢ではなく、打ちにいった時の姿勢がストライクゾーンの基準になります。また、少年野球などでは、進行を円滑にすることを目的に理由にストライクゾーンを広めにとることもあります。

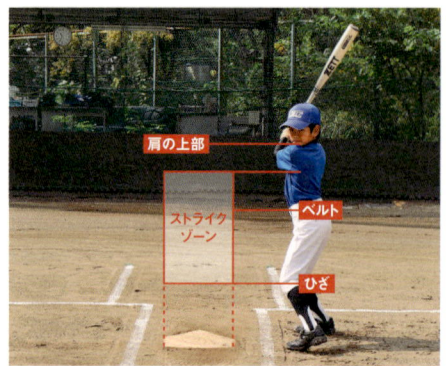

肩の上部
ベルト
ストライクゾーン
ひざ

高めは肩の上部とズボンの上部（ベルト）との中間点に引いた水平のラインが上限、低めはひざ頭の下部のラインが下限。

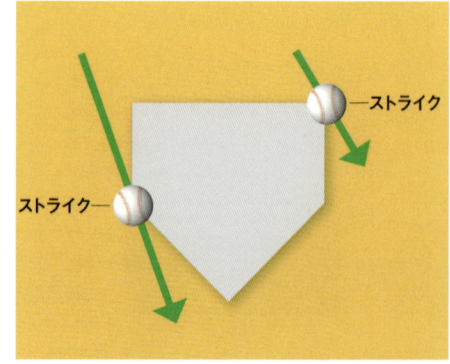

ストライク
ストライク

ベースを通過するまで、高低のストライクゾーンを維持していれば、少しでもボールがベース上を通過すればストライク。

Training MENU of Junior Baseball 210

第 1 章

守備がうまくなる練習メニュー

キャッチボール
Playing catch ——— 編

31
Menu

Training MENU of Junior Baseball 210 Chapter.1 INTRODUCTION

キャッチボールの練習メニューについて

キャッチボールは野球で最も大切な練習

野球を始めた人が、指導者から最初に教えてもらう練習がキャッチボールです。最も基本的な野球のプレーである「ボールを投げる」「ボールを捕球する」というプレーも、キャッチボールから覚えることになります。

キャッチボールの上達なくして、野球の上達はありません。まずは、正しいフォームで投げたり、捕球したりできるように繰り返し練習しましょう。

▶キャッチボールの練習メニュー

▶投げる

正しいボールの握り方や、送球フォーム、ステップの方法など、ボールを投げるときの基本が身につく練習メニューを紹介していきます。また、相手がキャッチしやすい胸の位置へ強く速いボールを投げるための練習も用意しています。

▶捕る

正面や左右などに、飛んできたボールを確実に捕球するための構え方やグローブの使い方をマスターするための練習メニューを紹介していきます。キャッチする感覚を養うことを目的にした素手でボールを捕球する練習もあります。

▶ゴロ&フライの捕球

基本的なゴロやフライの捕球体勢、その捕球方法、そして捕球後のスローイングまでが上達する練習メニューを紹介していきます。フライの練習では、体を切り返しながら後方の打球を追ってキャッチする、応用練習も紹介しています。

▶その他練習

遠投やクイックスローなど、基本的なキャッチボールや捕球練習よりも、ワンランク上の練習メニューを紹介していきます。また、間違ったフォームが身についてしまった人の、悪いクセを直す「矯正メニュー」も用意しています。

第1章 「キャッチボール」編

| 練習メニュー 1 | ▶ ボールを投げる　　基本　▶ 難易度：★★★★★ |

正しくボールを握る

▶ 効果：とっさのときにも対応できる正しい握りの習得

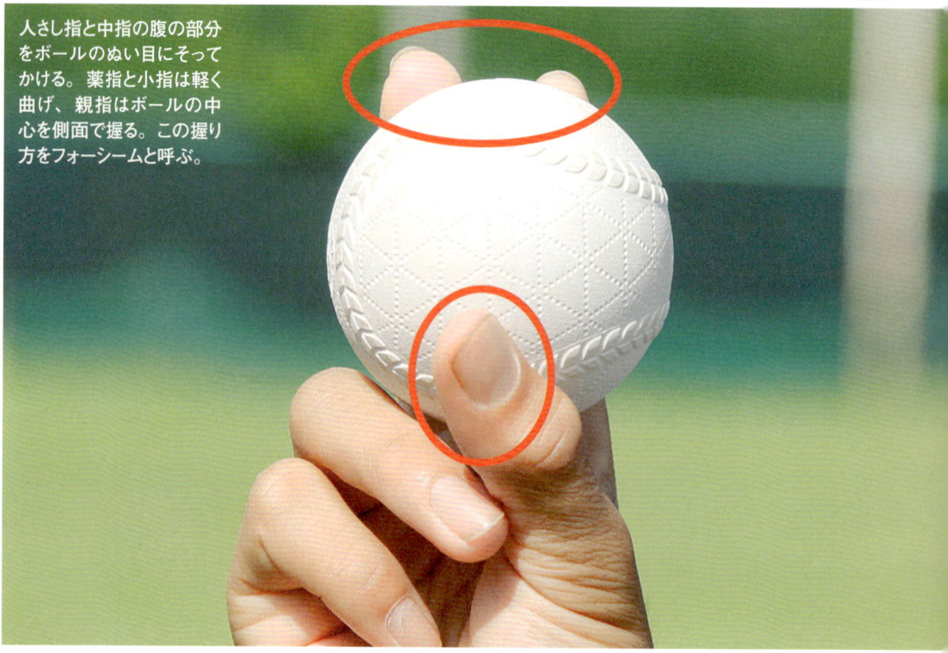

DVD 1-1

人さし指と中指の腹の部分をボールのぬい目にそってかける。薬指と小指は軽く曲げ、親指はボールの中心を側面で握る。この握り方をフォーシームと呼ぶ。

● 別角度

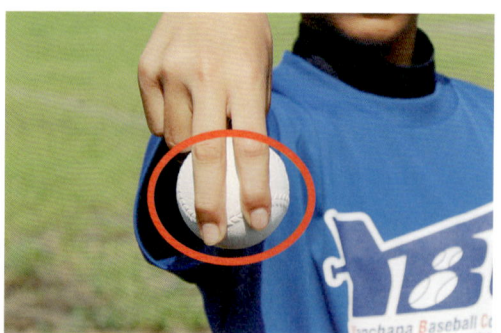

● 別角度

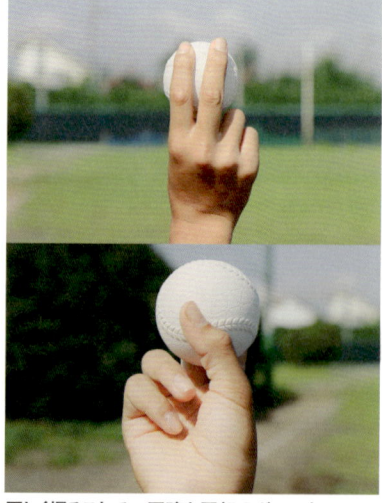

練習Point

それぞれの指でボールを握る

人さし指、中指、親指でボールをしっかりと固定するのが握りの基本です。野手は球筋にクセのないフォーシームを使うようにしましょう。

正しく握ることで、正確な回転のボールを投げることができる。

練習メニュー 2 ▶ ボールを投げる　基本　▶難易度：★☆☆☆☆

正しいフォームでボールを投げる

DVD 1-1

▶効果：スローイングに適した正しいフォームの習得

1 相手に正対して、両手を胸の位置で構える（セット）。

2 右足の内側を相手に向けるように直角に前へ出す。

3 背すじをまっすぐ伸ばした状態で、左足をベルトの位置まで垂直に上げる。

第1章 「キャッチボール」編

▶目安 10回×5セット

4 テイクバック（右手を後ろへ引く）をとり、投げる相手に左足をまっすぐ踏み出す。

👁 指導者Check

相手を見て投げる

キャッチボールをするときは「相手を見る」ことを徹底するようにしましょう。相手を見て、相手の受けやすい胸のあたりに投げます。普段からそのようなクセがついていないと、いざ試合となったときに、送球ミスが出てしまいます。

練習Point

まずはフォーム固めから

最初は"フォームを固めること"だけを目的に、スローイングなしで投球までの型を繰り返し練習するのも効果的です。

練習メニュー 3

▶ ボールを投げる　　基本　　▶難易度：★★★★★

地面に「T」字を描いて投げる

DVD 1-1

▶効果：狙ったところへボールを投げるためのステップ練習

▶目安 **10回×3セット**

1 T字の短線に平行になるように軸足を移動する。

練習Point
最初の一歩も慎重に

最初の動作である、軸足の移動も慎重に行いましょう。軸足を正しく固定することは、狙ったところへボールを投げるために必要な動作です。

2 軸足をT字の短線と平行にしたまま、投球動作に入る。

練習Point
行程ごとに動きを止める

軸足の位置がずれてしまう選手もいます。最初のうちは、行程ごとに制止してミスがないか確認しながら行いましょう。

3 腰を開かず、左足のつま先がT字あたりにくるようにステップ。

練習Point
つま先はライン付近に

狙った場所へ投げるには、つま先を狙いへしっかりと向けてライン付近にステップします。

4 左足はT字あたりに残したまま、スローイング。

練習メニュー 4

▶ ボールを投げる　基本　▶難易度：★☆☆☆☆

相手へまっすぐ投げる

▶効果：狙いどおりに投げるコントロール力の向上

DVD 1-2

▶目安 10分

1 一定の距離をとった相手の胸へ投げる。右投げの場合は相手の左胸、左投げの場合は相手の右胸を目標にして投げる。

2 相手の胸を狙ってボールを投げる。胸に正確にボールがいくようになったら少し距離を伸ばす。これを繰り返していく。

第1章 「キャッチボール」編

👁 指導者Check

目的はコントロールをつけることだけに

この練習では、相手の胸に投げることだけに目的を置いた練習です。基本的なキャッチボールにも思えますが、最も大切な練習でもあります。

練習メニュー 5

▶ ボールを投げる　　基本　　▶難易度：★★★★★

強いボールを投げる

▶効果：スナップを利かせて強く速いボールを投げる

DVD 1-2

▶目安 **5分**

1
セットの姿勢をとる。

2
軸足の内側を相手に対して直角に向ける。

3
背すじをまっすぐ伸ばし、ベルトの位置まで左足を地面に対して垂直に上げる。

4
テイクバックの動作に入る。

5
腰と肩が相手に平行になるようにステップ。

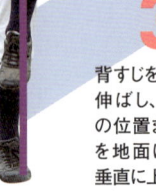
6
左の腰が開かないように左足のつま先を相手の正面へ向け、力強く踏み出す。

7
左足に体重を乗せ、勢いを利用して投げる。

8
フォロースルーまでしっかりと投げきる。

練習Point

投球はステップが大切

相手へ向かってまっすぐステップできていればボールを狙い通りに投げることができます。

練習メニュー 6

▶ ボールを投げる　　基本　　▶難易度：★★☆☆☆

距離を伸ばしてキャッチボール

DVD 1-2

▶効果：手首のスナップを利かせた強く速いボールにコントロールをつける

▶目安 **10分**

第1章　「キャッチボール」編

1 ある程度距離が離れた相手に手首のスナップを利かせて強いボールを投げる。

👁 指導者Check

キャッチボールは能力が近い選手同士でやらせる

チームには体の大きい子や、運動神経のいい子、野球の経験が浅い子など、さまざまな子どもがいるはずです。キャッチボール1つをとっても、能力差はあります。実力が近い子同士を一緒に組ませたほうが、同じような距離や強さで練習できるため練習の効果は高いものです。どの組み合わせが一番効果的なのか、考えながらパートナーを選んであげてください。

練習Point
キャッチボールの進め方

キャッチボールは、徐々に距離を伸ばしていき、一定の距離までいったら、距離を縮めていきます。そしてラストはクイックスローで終わります。

| 練習メニュー 7 | ▶ ボールを捕球する | 基本 | ▶難易度：★★★★★ |

捕球体勢を覚える

▶効果：正しい捕球体勢を覚える

DVD 1-3

練習Point
肩の力を抜く
肩の力を抜いてリラックスした姿勢で構えます。力が入っていると動きが固くなるので注意しましょう。

練習Point
視線をボールに向ける
視線は常にボールへ向けるようにします。捕球する瞬間までボールから目を離さないように心がけましょう。

練習Point
ひじはリラックス
腕は体より前に構えるのが基本です。そのとき、ひじはリラックスした状態で構えるようにします。

練習Point
グローブを正面に向ける
ボールを投げる人に対し、グローブ（手のひら）をまっすぐ向けることで、どんなボールが飛んできても柔軟に対応できます。

練習Point
ひざを軽く曲げる
動き出しの1歩目をスムーズにするために、ひざは軽く曲げるイメージで構えます。

練習メニュー 8

▶ ボールを捕球する　　基本　　▶難易度：★☆☆☆☆

素手で大きく円を描く

DVD 1-3

▶効果：素手の状態でグローブの使い方を覚える

第1章 「キャッチボール」編

1
手のひらが常に正面を向くように、ゆっくり円を描いて回していく。限界まで回したら、同じ軌道で逆回転させる。

練習Point

手のひらは常に正面に

手を回すときは、グローブをつけているつもりで、手のひらを常に正面（ボールに対して直角）に向け続けるようにします。

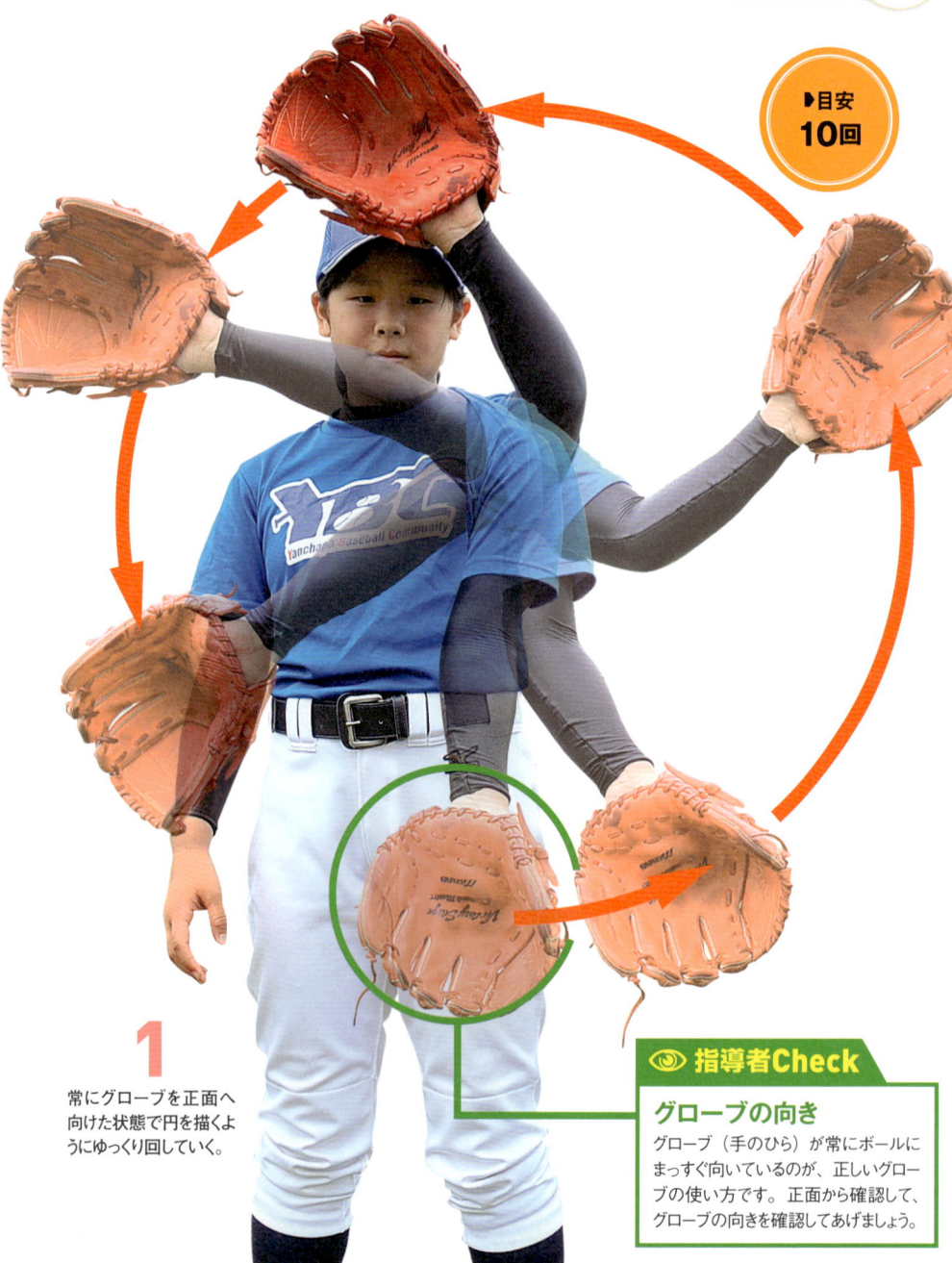

| 練習メニュー 9 | ▶ ボールを捕球する | 基本 | ▶難易度：★★★★★ |

グローブをして大きく円を描く

DVD 1-3

▶効果：グローブをした状態でグローブの使い方を覚える

▶目安 **10回**

1
常にグローブを正面へ向けた状態で円を描くようにゆっくり回していく。

👁 指導者Check

グローブの向き

グローブ（手のひら）が常にボールにまっすぐ向いているのが、正しいグローブの使い方です。正面から確認して、グローブの向きを確認してあげましょう。

| 練習メニュー 10 | ▶ ボールを捕球する | 基本 | ▶難易度：★★★★★ |

トスボールをグローブにのせる

DVD 1-4

▶効果：グローブにボールを収める感覚をつかむ

練習Point
ひじと手首が大切
ボールをキャッチするには、ひじと手首をやわらかく使う必要があります。トスボールでその感覚になれておきましょう。

▶目安
10回×3セット

1 両足を肩幅よりやや広めにとり、少しひざを曲げて構える。

2 正面からトスを上げてもらい、ボールに合わせてひざを使って捕球体勢に入る。

練習Point
ボールを握らない
この練習では、グローブにボールを収める感覚をつかむために、ボールを握らないように行います。このときにグローブの中でボールがはねないようにひざを柔軟に使います。

3 グローブにボールをのせる。ボールは握らない。

第1章 「キャッチボール」編

練習メニュー 11

▶ ボールを捕球する　　基本　　▶難易度：★☆☆☆☆

正面のボールを捕球する

▶効果：グローブでボールを握る感覚をつかむ

▶目安
10回×3セット

練習Point
最後までボールの動きを追う
グローブでボールを握るまで、視線はボールから離さないようにします。途中で視線をそらすと、ボールがグローブに収まらない、はじかれるなどエラーの原因になります。

練習Point
ボールをしっかりと握る
ボールは最も捕球しやすいポケットに入れて5本の指（手のひら）を使ってしっかりとボール握ります。

1 両足を肩幅よりやや広めにとり、ひざを軽く曲げて構える。

2 正面からトスを上げてもらい、ボールに合わせてひじとひざを使って捕球体勢に入る。

3 グローブにボールが収まったら5本の指でボールを握る。

練習メニュー 12

▶ ボールを捕球する　基本　▶難易度：★★★★★

左右のボールを捕球する

▶効果：左右のボールを胸の前でキャッチする感覚をつかむ

DVD 1-4

● 左方向

▶目安 10回×3セット

1 両足を肩幅よりやや広めにとり、ひざを軽く曲げて構える。

2 胸を左へ移し、ひざと腰を使って、捕球しやすい状態に入る。

3 胸の前でボールをキャッチし、5本の指でしっかりと握る。

×NG× 腕だけで捕りにいく

体ごとボールを捕りにいかないと捕球しにくく、エラーにつながります。

● 右方向

3 胸の前でボールをキャッチし、5本の指でしっかりと握る。

2 胸を右へ移し、ひざと腰を使って、捕球しやすい状態に入る。

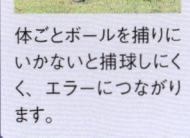

1 両足を肩幅よりやや広めにとり、ひざを軽く曲げて構える。

▶目安 10回×3セット

第1章 「キャッチボール」編

| 練習メニュー 13 | ▶ ボールを捕球する | 基本 | ▶難易度：★★★★★ |

素手で捕球してフタをする

▶効果：捕球時の両手の使い方を素手で覚える

DVD 1-4

指導者Check
応用練習にトライ
正面の練習が完ぺきにできるようになったら、応用練習としてコースやスピードをつけたボールで練習させてみましょう。

▶目安 **10回×3セット**

練習Point
右手を上にする
投げるほうの手である右利きなら右手、左利きなら左手を上にしてフタをします。

1
両足を肩幅より広めにとり、ひざを軽く曲げて構える。

2
正面からトスを上げてもらい、ボールに合わせてひざを使って捕球体勢に入る。ひじと手首はやわらかくしておく。

練習Point
フタをするときのコツ
やわらかくつつみこむイメージで行うと上手くいきます。ボールを芯でキャッチしていないと、フタをしたときにボールがこぼれてしまうので注意しましょう。

3
ボールをしっかりと見て、左手（グローブする手）でボールを握ると同時に、右手で上からフタをする。両手はパーに。

練習メニュー **14**

▶ ボールを捕球する　基本　▶難易度：★★☆☆☆

グローブで捕球してフタをする

▶効果：捕球時の両手の使い方をグローブを使って覚える

DVD 1-4

▶目安
10回×3セット

第1章 「キャッチボール」編

1 両足を肩幅より広めにとり、ひざを軽く曲げて構える。

2 正面からトスを上げてもらい、ボールに合わせてひじとひざを使って捕球体勢に入る。ひじと手首はやわらかくしておく。

3 ボールをしっかりと見て、グローブでボールを握ると同時に、もう一方の手で上からフタをする。ボールは早めに触わる。

練習Point

フタをする利点

右手でフタをすることで、グローブだけでは抑えきれなかったボールの勢いを抑えることができます。また、すぐにボールに触れることで握りを変えやすくなります

| 練習メニュー 15 | ▶ゴロを捕球する | 基本 | ▶難易度：★★★★★ |

ゴロ捕球のフットワークを覚える

▶効果：正しいゴロ捕球の姿勢と動作を覚える

DVD 1-5

3
左足を1歩前に出して、ボールをグローブに迎え入れる。

1
両足を肩幅より広めにとり、ひざを少し曲げて構える。正面からゴロを転がしてもらう。

2
ボールを見ながら歩くイメージで前進。バウンドにタイミングを合わせ、ゴロの正面に入る。

練習Point
歩きやすい歩幅で進んで捕球体勢に入る

捕球に入る前までは歩きやすい歩幅で進み、早めに左足を1歩前に出します。

※②③は上の手順2、3に対応。

▶目安
10回×3セット

練習Point
両手で捕球する
グローブからボールがこぼれないように両手で捕球した後は、下から上へ引き上げるように動かします。

5
ボールがこぼれないように、早めに右手でフタをする。

4
バウンドに合わせ、しっかりと捕球する。

練習Point
捕球後はふところへ
捕球後は、両手をふところの位置へ移動させます。こうすることによって、次の動作（送球）へ移りやすくなります。

練習Point
両足はそろえない
ゴロは左足を1歩前に出して、その横で捕球するようにします。両足がそろうと腰が高くなってしまいます（左利きは逆）。

6
頭の位置が上がらないようにグローブをふところの位置に持ってくる。

第1章 「キャッチボール」編

練習メニュー **16**

▶ ゴロを捕球する　　基本　▶難易度：★☆☆☆☆

素手で正面のゴロを捕球する

▶効果：ゴロをつかむ基本と感覚を覚える

DVD 1-5

1 ひざを少し曲げて構えて、正面にゴロを転がしてもらう。この練習では定位置から動かないようにする。

2 ボールが近くにきたら、左足を1歩前に出し、捕球体勢に入る（捕球するときは右足、左足の順にボールに近づく）。

▶目安 **10回×3セット**

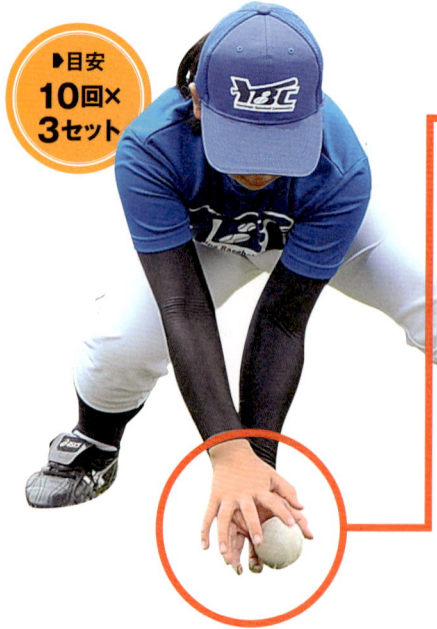

練習Point

手の芯でキャッチ

グローブを使うときと同じように、ボールは手の芯でキャッチ。同時にその上からもう一方の手でフタをします。

3 左手をボールの下に入れて捕球。ボールがこぼれないように、早めに右手でフタをする。早くボールに触れることを意識する。

4 捕球後は両手をふところの位置に持ってくる。

練習メニュー **17**

▶ ゴロを捕球する　　基本　　▶難易度：★☆☆☆☆

ノックで正面のゴロを捕球する

▶効果：正面の強いゴロをキャッチする

DVD 1-5

1 両足を肩幅よ り広めにとり、 ひざを少し曲げ て構える。

2 ゴロの正面に入り、動き やすい歩幅で進み、バ ウンドにタイミングを合 わせる。左手のひらはな るべく早くボールに向ける。

3 左足を1歩前に出し、 ボールをグローブに迎 え入れる。

4 グローブをボー ルの下から出し て捕球する。

5 ボールがこぼれ ないように、早 めに右手でフタ をする。

▶目安 **10回× 3セット**

6 頭の位置を変え ずグローブをふ ところの位置に 持ってくる。

第1章 「キャッチボール」編

×**NG**× グローブを上から出す

グローブを上から下へ差し出したり、ボールの上からグロー ブをかぶせたりすると、ボールが股の間を抜ける、いわゆる "トンネル"エラーにつながる可能性が高くなります。

| 練習メニュー 18 | ▶ ゴロを捕球する　　基本　▶難易度：★☆☆☆☆ |

素手で捕球してスローイングする

▶効果：素手で捕球から送球までの感覚と動きを覚える

DVD 1-5

1 右足、左足の順に歩くように進み、左足を1歩前に出し、捕球体勢に入る。

2 捕球後、両手をふところへ持ってくる。

3 踏み出した左足を軸に右足を左足の前にステップさせる。

4 左足を前方へステップ。目標をしっかりと見てスローイングする。

▶目安
10回×3セット

練習メニュー **19**

▶ ゴロを捕球する　　基本　　▶難易度：★★☆☆☆

グローブで捕球してスローイングする

DVD 1-5

▶効果：グローブで捕球してから送球するまでの感覚と動きを覚える

1 左足を1歩前に出し、バウンドにタイミングを合わせて捕球する。

2 ボールがこぼれないように、右手でフタをする。

3 頭の高さを変えずに、グローブをふところの位置に持ってくる。

4 左足を軸に、送球体勢に入る。

5 左足を始点にステップを始める。

6 右足を左足の前にステップさせる。

7 左足を強く踏みこんでテイクバック。

8 目標をしっかりと見定めてスローイング。

▶目安 10回×3セット

第1章「キャッチボール」編

× **NG** ×
右足が左足の後ろにある
右足が左足の後ろにあると、肩もクロスして送球が乱れます。

練習メニュー 20

▶ フライを捕球する　　基本　▶難易度：★★★★★

フライ捕球のフットワークを覚える

DVD 1-6

▶効果：正しいフライの捕球体勢と動作を覚える

1
ひざをやや落としてリラックスした状態で構える。

2
両手をリラックスさせた状態で、足を動かし落下地点へ移動。

3
落下地点の2、3歩後ろで止まり、打球を顔の前45度くらいで見上げる。

練習Point

ゴロより高い姿勢

ゴロの捕球体勢と同じく、両ひざを少し曲げて構えますが、姿勢はやや高くなります。グローブは下ろしてリラックスした状態にします。

練習Point

落下地点に走る

フライが上がって、落下地点が予測できたら、その地点まで、ダッシュで移動するようにします。

練習Point
早めに構える
グローブは捕球する直前より少し早めに出すのがベストです。

練習Point
ポケットでキャッチ
捕球は最もキャッチしやすく、打球の勢いを抑えられるポケットで行います。その際に、もう一方の手でフタをします。

4 打球が落ちてくるタイミングで落下地点に進み、グローブを構える。

5 ひざをクッションにしながらグローブのポケットでキャッチする。

6 ひじと手首をやわらかくして胸のあたりにグローブを持ってくる。

練習Point
少し後ろで構える
落下地点が、自分の予測した位置より後ろだった場合、対応できなくなってしまいます。そのため落下地点よりやや後方で待ちます。

練習Point
ひじと手首が大切
捕球の瞬間はひざのクッションを使って、打球の勢いに負けないように注意。ひじと手首はやわらかくつかい、グローブを胸の位置へ移動させます。

第1章 「キャッチボール」編

| 練習メニュー 21 | ▶フライを捕球する　　基本　▶難易度：★★★★★ |

自分で投げたボールを捕球する

DVD 1-6

▶効果：フライをキャッチする感覚をつかむ

練習Point
ボールを真上に投げる

ボールを上に投げるときは手首を使って、できるだけ真上に投げるようにします。なれるにしたがって高さを上げていきます。

1
自分で真上にボールを投げる。ボールはなるべく高めに上げる。

▶目安
10回×3セット

2
グローブを構えて、ボールが落ちてくるのを待つ。

練習Point
ひじとひざのクッションも利用する

キャッチと同時にもう一方の手でフタをします。捕球の瞬間はひじとひざのクッションを使うようにするとキャッチしやすくなります。

3
ひじとひざをクッションにしながら捕球する。

練習メニュー 22

▶ フライを捕球する　　基本　　▶難易度：★☆☆☆☆

ノックで正面のフライを捕球する

DVD 1-6

▶効果：実戦的なフライをキャッチする感覚をつかむ

1
ひざをやや曲げてどのボールに対しても動ける体勢をとる体勢で構える。

2
最初は、落下地点の2、3歩後ろあたりから左肩を前に出した状態で打球を見上げる。

3
グローブを構えて、ボールが落ちてくるのを待つ。打球に合わせて守備位置を微調整する。

4
ひじとひざのクッションを利用しながらキャッチする。

▶目安 10回×3セット

👁 指導者Check

外野ノックのコツ

高いフライが打てなかったり、打球にドライブ回転がかかってしまったり、ノックで外野フライを打つのは意外と難しいものです。上手に外野フライを打つコツは、トスを前気味に上げて打つことです。また、スイングは、決してアッパーにせず、ボールの半分よりも下をレベルスイングで打つようなイメージで打ちます。

×NG× 両足をそろえてキャッチする

両足がそろってしまうと、次の動作へ移行しにくいだけではなく、打球が予測していた位置より後ろだった場合にボールが頭上を超えていく"バンザイ"状態になる可能性があります。

第1章 「キャッチボール」編

53

練習メニュー 23

▶ **フライを捕球する** 　応用　▶難易度：★★★★★

ダッシュで落下地点に移動して捕球する

DVD 1-7

▶効果：定位置から離れたフライを捕球する感覚をつかむ

4 左肩を前に出した状態で捕球体勢をとる。

5 グローブのポケットでキャッチする。

3 左肩ごしにななめ45度くらいで打球を見る。落下予測地点の2、3歩後ろまでたどり着いたらストップ。

2 落下予測地点までダッシュ。

1 打球を確認して、すぐに動き出す。

×NG× ボールから目を離して追う

落下予測地点へ向かうときは、必ず目でボールを追いながら走ります。速い打球だと少し目を離しただけで、完全にボールを見失ってしまうこともあります。外野手はバックアップをしてくれる人がいないので、ボールを後ろにそらすことができません。ボールから絶対に目を離さないようにしましょう。

| 練習メニュー 24 | ▶ フライを捕球する　応用　▶ 難易度：★★★★☆ |

体を切り返す練習

▶ 効果：体を切り返す感覚をつかむ

DVD 1-7

7 指導者の相図で体を反転させる。

×NG× **ボールから目を離す**
ホームベースに背中を向けるように回転するとボールから目を離してしまうことになります。

▶目安 **5回×3セット**

6 さらにななめ後ろへ進む。

4 指導者の合図で体を反転させる。

5 反転後は、ななめ後ろへ走る。

1 肩ごしななめ45度にボールをみながらななめ後ろへ走る。

3 肩ごしななめ45度でボールを見る。

2 足がもつれたり頭がぶれないようにななめ後ろへ進む。

第1章 「キャッチボール」編

| 練習メニュー 25 | ▶ フライを捕球する | 応用 | ▶ 難易度：★★★★☆ |

体を切り返してフライを捕球する

▶効果：体を切り返してフライを追いキャッチする感覚を覚える

DVD 1-7

1 肩ごしにボールを見ながらななめ後ろへ走る。

2 指導者が選手の背中方向にフライを上げる。

3 左足に体重を乗せ、方向転換。

4 右足に体重を乗せ体を反転させる。

5 落下地点へダッシュ。

6 落下地点でボールをキャッチする。

▶目安 5回×5セット

練習メニュー 26

▶ フライを捕球する　　応用　　▶難易度：★★★☆☆

フライを捕球してからスローイングする

DVD 1-7

▶効果：捕球から送球までに動きを覚える

1 落下地点の2、3歩後ろで構える。

2 落下地点に入り、キャッチ。

3 グローブを胸に持ってくる。

4 右足を左足の前へステップさせる。

5 左足を送球先へまっすぐ向ける。

6 左足に体重を乗せて、スローイング。

7 相手へ向けて力強く腕を振り抜く。

▶目安 5回×5セット

第1章 「キャッチボール」編

練習メニュー 27　▶総合練習　応用　▶難易度：★★★★☆

クイックスローでキャッチボールをする

▶効果：ムダな動きをなくし、素早い送球動作を身につける

3 左足を相手に向けて踏み出す。

1 左足を1歩前に出してキャッチする。

2 グローブを胸の前に持ってきて右足を1歩前に出してステップ開始。

4 小さく素早いモーションで相手へ送球。クイックのスピードをどんどん速めていく。

×NG　右足を左足の後ろに出す

捕球時やステップ開始時に右足が左足の後ろに出ないようにします。

| 練習メニュー 28 | ▶ 総合練習　　　応用　　▶難易度：★★★☆☆ |

遠投で強いボールを投げる

▶効果：遠くへボールを投げれるようになる

1 しっかりとボールを握ってセットの状態をつくり、助走開始。

2 右足を左足の後ろへバックステップさせる。

3 右足を軸足にして、左足を前方へ踏み出す。

▶目安 5〜10球

👁 指導者Check

ケガに注意
遠投は、まだ体ができていない選手が行うと肩をこわすことがありますので、慎重に行ってください。また投げすぎも厳禁です。

4 肩と腰が平行、軸は体の中心に置いたままテイクバックをとる。

5 左足に体重を乗せて、強く遠くへ投げる。

6 フォロースルーまでしっかり投げる。

第1章 「キャッチボール」編

| 練習メニュー 29 | ▶矯正レスキュー　応用　▶難易度：★★★★★ |

トスボールを手のひらで受ける

▶効果：「手が正面を向かない」クセを直す

1 正面に相手を置き、手のひらをまっすぐ相手に向ける。

2 トスを上げてもらい、ひじと腕とひざをやわらかく使って、手のひらにボールを当てにいく。

3 手のひらを相手にまっすぐ向けたまま、ボールを当てる（受ける）。

4 跳ね返ったボールが相手に向かって行けば成功。

練習Point

手の角度に注意

この練習は、捕球ミスの大きな原因の1つである「ボールに対してグローブをまっすぐ向けられていない」という悪いクセを直すための練習です。意識的に最後まで、手のひらを正面にいる相手（ボール）に向け続けることで、ボールに対するグローブの正しい向け方がマスターできます。

練習メニュー 30

▶ 矯正レスキュー　　応用　　▶難易度：★★☆☆☆

トスボールを手のひらでキャッチする

▶効果：「ボールを手のひらで捕球できない」クセを直す

1 正面に相手を置き、手のひらをまっすぐ相手に向ける。

2 トスを上げてもらい、ボールの軌道に合わせてひじと腕とひざを柔らかく使う。

3 ボールをキャッチする。

練習Point

手のひらは正面に向け続ける

この練習は、「ボールに対してグローブをまっすぐ向けられていない」に加えて、「ひじが上手に使えていない」というクセを直すための練習です。正しくキャッチするためには、手のひらを最後までボールまっすぐに向け続ける必要があります。

×NG× 手のひらがななめを向いている

手のひらがななめを向いていると、グローブ（手のひら）の芯でボールをキャッチすることができません。

第1章 「キャッチボール」編

練習メニュー 31

| 矯正レスキュー | 応用 | 難易度：★★☆☆☆

トスボールを木の板でキャッチする

▶効果：「グローブが正面を向かない」クセを直す

1
グローブの代わりに木の板（サンダルなどでも代用可能）を持ち、木の板をまっすぐボールに向ける。

2
トスを上げてもらい、ボールの軌道に合わせてひじと腕とひざを柔らかく使う。

3
右手と木の板ではさむようにボールをキャッチする。

×NG× 木の板が正面を向いていない

木の板でキャッチする場合も、木の板が正面を向いていなければいけません。

練習Point
正面に返す練習に応用可能

キャッチする練習以外にも、木の板にボールを当てて相手にボールを跳ね返す練習も効果的です。グローブが正面を向かないときにも効果的です。

Training MENU of Junior Baseball 210

第2章

守備が うまくなる 練習メニュー

ポジション別練習
Position 編

38 Menu

捕手の練習メニューについて

Training MENU of Junior Baseball 210 Chapter.2 INTRODUCTION

チームの要としてプレーで仲間をリードする

　本章では、ポジション別に守備がうまくなる練習メニューを紹介していきます。

　最初は唯一、野手全員を見渡すことができるポジションのキャッチャー編。キャッチャーは、さまざまなコーチングをする必要があるポジションであるためチームメイトから信頼される存在でなければいけません。そのためにはまず、しっかりとしたプレーをして、プレーで仲間をリードする存在になることが大切です。

▶捕手の練習メニュー

▶基本フォーム

ランナーがいない場合と、ランナーがいる場合の構え方を覚える練習を紹介します。キャッチャーにとって、一番大切なのは、ピッチャーの投げるボールをしっかり捕ること。ここでは、捕球がしやすく、ピッチャーが投げやすいフォームの習得を目指します。

▶捕球練習

ピッチャーが投げるあらゆるボールに、対応できるようになるための捕球練習を紹介しています。正面、左右、高低、ショートバウンドとコース別にメニューを挙げているので、自分の苦手なコースは、ポイントを押さえて、何度も繰り返し練習しましょう。

▶捕球後のフットワーク

投手が投げたボールを捕球してから、キャッチャーゴロを捕球してから1塁、2塁、3塁へ送球するときのフットワークを紹介しています。ここでさまざまな状況を想定して、ランナーを確実にアウトにできるスピードと正確性のあるプレーを身につけましょう。

▶その他プレー

ホームにランナーが進塁してきたときのクロスプレーと、内野ゴロが転がったときのファーストへのカバーという、応用的な練習メニューを紹介しています。これらのメニューは、対人的でより実戦的なものなので、チームメイトとの総合練習としても行えます。

第2章 「ポジション別練習」編

65

練習メニュー **32** ▶ | 捕手の練習 |　　　　　　　　　　基本　▶難易度：★☆☆☆☆

ランナーがいないときの基本体勢を覚える

▶効果：防具を着けた状態で、正しい体勢と構えをとれるようにする

DVD 2-1

練習Point
手のひらを相手に見せるように構える

ミットは手のひらを相手に見せるように開いて構えます。投手に「ここに投げろ！」という気持ちでミットを思いきり開きましょう。

👁 指導者Check
防具になれることも大切

子どもにとって、防具をつけた状態でかかとを上げてしゃがむことは、とても難しいことです。最初は防具をつけずに、バランスをとるだけの練習をさせてあげるといいでしょう。

バッターボックスから離れすぎていない位置で、胸が投手に正対するようにゆったりと構える。

▶ 背後から

右手は腰のあたりに回す。

練習Point
両かかとを少し浮かせる

両かかとはボール1個ぶんくらい少し浮かせるように構えます。体がぶれないバランスのとりやすいポイントを探しましょう。

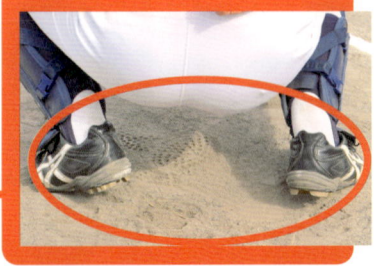

練習メニュー 33 ▶ 捕手の練習 　基本　難易度：★☆☆☆☆

ランナーがいるときの基本体勢を覚える

DVD 2-1

▶ 効果：次の動きを意識した体勢と構えをとれるようにする

練習Point
次の動きを意識して構える

ランナーがいるときは、ボールに素早く触れる構えになるのがが理想です。捕球しやすい体勢であることも大切です。

練習Point
下半身はやや半身

下半身だけをやや半身で構えることで、スピーディに動けるようになります。

バッターボックスから離れすぎていない位置で、胸は投手にまっすぐ向け、下半身はやや半身（1塁向き）に構える。

第2章 「ポジション別練習」編

▶ 背後から

練習Point
ミットに手を添える

右手は、このとき、親指は内側に曲げて隠すようにします。ミットに添えて、指を折りたたんだほうが次の動きに移りやすくなります。

67

練習メニュー 34 | 捕手の練習 | 基本 | 難易度：★★★★★

正面のボールを捕球する

▶効果：ミットでキャッチすることになれる

1 指導者が捕手の正面に立ち、ゆるめのボールをトスする。

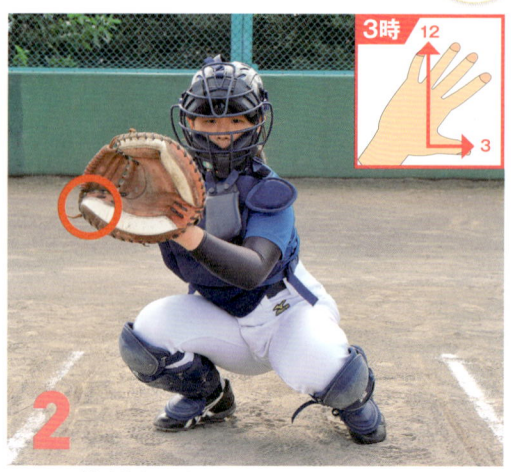

2 正しい捕球体勢でボールの動きを見る。左親指が自分から見て3時の方向に向くようにミットを構える。

3 ボールの軌道に合わせながら、ミットを動かす。

▶目安 10回×3セット

4 左親指を自分から見て1時の方向に向くようにしてしっかりとミットを閉じる。

👁 指導者Check

ミットは動かさない

ボール球をストライクに見せようとミットを動かす選手もいますが、キャッチしてからは、ミットは動かさないように指導しましょう。

練習メニュー 35

▶ 捕手の練習　　基本　　▶難易度：★★☆☆☆

左右のボールを捕球する

DVD 2-1

▶効果：左右のボールに対して正しいキャッチワークが身につく

1 正しい捕球体勢で構える。指導者は自分から見て左側へトス。

2 体の位置と視線の高さを変えず、ミットを右側へ動かしていく。

3 体の中心より右側でボールをキャッチする。

指導者Check

ランダム練習に切り換え

最初は、左右を交互にトスして、捕球のコツを身につけさせてあげます。なれてきたらランダムに投げ分けたり、少しスピードを上げましょう。

練習Point

体を動かさない

ボールをキャッチするときは、なるべく体は動かさないようにしましょう。身体を動かしてしまうと目線もぶれてしまい、捕球をミスしてしまう可能性があります。

▶目安 10回×3セット

4 再び正しい捕球体勢で構える。指導者は自分から見て右側へトス。

5 体の位置と視線の高さを変えずミットを左側へ動かしていく。

6 体の中心より左側でボールをキャッチする。

第2章 「ポジション別練習」編

練習メニュー 36 | 捕手の練習 | 基本 | 難易度：★★☆☆☆

高低のボールを捕球する

▶効果：高低のボールに対して正しいキャッチワークが身につく

DVD 2-1

1 正しい捕球体勢で構える。指導者は高いボールをトス。

2 体の位置と視線を変えず、ミットを高めへ動かしていく。

3 胸より高い位置でボールをキャッチする。

👁 指導者Check
コースと高さをランダムに
一通りコース別の捕球を練習したら、コース（内角・真ん中・外角）と高さ（低め・真ん中・高め）をランダムに混ぜた練習へ移ります。

練習Point
捕れなければ、体勢を移動させる
ミットの移動だけで捕球が難しい場合は、高いボールであれば腰を浮かせる、低いボールであればひざを地面につけてキャッチするようにしましょう。

▶目安 10回×3セット

4 再び正しい捕球体勢で構える。指導者は低いボールをトス。

5 体の位置と視線を変えず、ミットを低めへ動かしていく。

6 胸より低い位置でボールをキャッチする。

練習メニュー 37 | 捕手の練習 | 基本 | 難易度：★★★★★

ショートバウンドのボールを捕球する

DVD 2-1

▶効果：ボールを後ろにそらさない捕球体勢が身につく

1 捕球体勢で構える。指導者はショートバウンドになる遅いボールを投げる。

2 視線を変えずボールの軌道を見極め、手のひらをボールに向けるようにミットを動かす。

3 両ひざを落とし、ミットを真ん中に下ろす。

指導者Check
スピードを速める
ショートバウンドの処理は、ボールが速ければ速いほど難しくなります。練習では、徐々に距離を伸ばし、ボールのスピードを速くしていきましょう。

練習Point
絶対に後ろにそらさない
ボールがミットに収まらない場合は、全身を使ってボールを前に落とすようにしましょう。「絶対にボールをそらさない」という気持ちで練習に取り組むとよいでしょう。

▶目安 **10回×3セット**

4 ひざとミットを地面につけてボールが後ろに逃げないようにする。

5 バウンドに合わせて、ミットと体を動かす。右手はミットの後ろへ回す。

6 全身でボールの勢いを抑える。無理に捕球しなくてよい。

第2章「ポジション別練習」編

| 練習メニュー 38 | ▶捕手の練習 | 基本 | ▶難易度：★★★★★ |

捕球後に1塁へ送球する

▶効果：捕球後の1塁送球時のフットワークがスムーズになる

DVD 2-2

練習Point
理想はワンステップで送球
ランナーをアウトにするためには、なるべくムダのない動きをする必要があります。最短のアクションで送球できるように練習しましょう。

1 正しい捕球体勢で構える。

2 捕球と同時に、右足を1塁へ向け始める。

3 左肩を1塁方向へ向け始める。ミットを体の中心へ持ってきてステップへ。

4 体を1塁方向へ向けながら、左足を前に出す。

5 ミットとボールを離し、左足を1塁方向へ強く踏み込む。

6 しっかりと目標を定め、腰を投げる方向へ持っていくようにスローイング。

👁 指導者Check
反復練習が大切
スムーズな動きができない場合は、捕球から送球前までの動きを反復練習させてあげましょう。最初はゆっくりとした動きで、それから徐々にスピードを上げていけば、走者を補殺できるようなクイック送球が身につきます。

▶目安
10回×1セット

練習メニュー 39

▶ 捕手の練習　基本　▶難易度：★★★☆☆

捕球後に2塁へ送球する

DVD 2-2

▶効果：捕球後の2塁送球時のフットワークがスムーズになる

1 正しい捕球体勢で構える。

2 捕球と同時に、右足を2塁方向へ向け始める。

3 素早く送球体勢に入り、ミットを体の中心に持ってくる。

4 ミットと右手を離し、2塁方向へワンステップで送球体勢を作る（左打者の場合は少し左へ動く）。

5 ミットとボールを離し2塁方向へ強く踏み込む。肩は投げる方向へ向ける。

6 しっかりと目標を定め、腰を投げる方向へ持っていくようにスローイング。

▶目安 10回×1セット

指導者Check

強く速いボールを徹底

無理にノーバウンドのボールを投げるよりも、ワンバウンドで強く速いボールを投げることを意識づけましょう。また、送球時には、バッターやピッチャーにボールが当たらないように注意することも忘れずに。

練習Point

ベース付近に投げる

送球時は、2塁ベースに入るセカンドかショートの選手が、ランナーにタッチしやすいボールを投げるようにします。無理にノーバウンドで投げる必要はありません。

第2章　「ポジション別練習」編

73

練習メニュー 40 ｜ 捕手の練習 ｜ 基本 ｜ 難易度：★★★★★

捕球後に3塁へ送球する

DVD 2-2

▶効果：捕球後の3塁送球時のフットワークがスムーズになる

1 正しい姿勢で構えて捕球。

2 捕球と同時に、左側へ体を移動させる。

3 ミットを胸のあたりに持ってきて、素早く送球体勢に入る。

4 体を3塁方向へ向け右足をクロスステップさせる。

5 ミットとボールを離し、左足を3塁方向へ強く踏み込む。

6 しっかりと目標を定め、腰を投げる方向に持っていくようにスローイング。

練習Point
しっかり3塁へステップ

3塁への送球は、しっかり3塁へステップできるようにしましょう。両ひざを内側にしぼるような感覚でなげるとスムーズです。

▶目安 **10回×1セット**

👁 指導者Check
最短距離で送球する練習

バッターが右打席に立っている場合、キャッチャーはバッターの後ろ側にステップを踏みます。しかし、ライン取りに失敗すると、バッターが視界をさえぎってしまい、送球が安定しない原因になってしまいます。そのようなときは、実際にバッターを立たせて練習すると効果的です。

練習メニュー **41**

▶捕手の練習　　基本　▶難易度：★★★☆☆

ウエストボールのフットワークを覚える

▶効果：ランナーを牽制(けんせい)するフットワークが身につく

練習Point

まずはキャッチ

ウエストボールは、ランナーの進塁を阻止するためのボールです。このボールを逸らしてしまっては元も子もありません。まずは確実に捕球することが大切です。

1 ウエストボールを捕球する。

2 捕球と同時に、右側へ体を移動させる。

3 素早く送球体勢に入る。

4 ボールを胸の前へ持ってきて、体と視線をランナーが帰塁するベースに向ける。

5 送球するか、しないかを判断する。

6 ランナーが帰塁したことを確認し、送球体勢を崩す。投げない場合は素早くピッチャーに近づく。

▶目安 **10回×1セット**

第2章 「ポジション別練習」編

75

練習メニュー 42 | 捕手の練習 | 基本 | 難易度：★★★★★

キャッチャーゴロを処理して1塁へ送球する

▶効果：キャッチャー前に転がった送りバントを処理する

DVD 2-3

1 指導者に目の前にゴロを転がしてもらう。

2 打者の後ろを通るように素早く打球へ向かう。

3 体を回転させ、ボールの前にミットを出して両手で捕球にいく。

練習Point
半身で捕球する
キャッチャーゴロの処理は基本的に半身で行います。半身で捕球することで、送球動作に素早く移行することができるようになります。

練習Point
バッターの後ろに回る
右バッターを想定する場合、1塁へ向かうバッターとぶつからないようにバッターの後ろに回って捕球するようにします。

4 ボールを捕球後、ミットをふところの位置に移動させると同時に送球体勢を整える。

5 左足を1塁方向に踏み込む。左肩も1塁に向ける。

▶目安 5回×2セット

6 ランナーに当たらないように1塁ベース内側に送球する。

練習メニュー **43**

| 捕手の練習 | 基本 | 難易度：★★★☆☆ |

キャッチャーゴロを処理して2塁へ送球する

DVD 2-3

▶効果：キャッチャー前に転がった送りバントを処理し、2塁でアウトにする

1 目の前にゴロを転がしてもらう。

2 素早く打球に向かう。

3 体を回転させ、ボールの前にミットを出して両手で捕球しにいく。

練習Point
ランナーの確認を忘れない
ランナーありで練習するときは、送球前に目でランナーの位置を確認して、2塁に投げるか、1塁に投げるかを判断するようにします。

▶目安 5回×2セット

4 ボールを捕球後、ミットをふところの位置に移動させると同時に、送球体勢を整える。

5 2塁方向に左肩を向け、左足を強く踏み込む。

6 2塁へ送球する。

第2章「ポジション別練習」編

| 練習メニュー 44 | ▶捕手の練習　　基本　▶難易度：★★★☆☆ |

キャッチャーゴロを処理して3塁へ送球する

▶効果：キャッチャー前に転がった送りバントを処理し、3塁でアウトにする

DVD 2-3

1 目の前にゴロを転がしてもらう。

2 素早く打球に向かう。

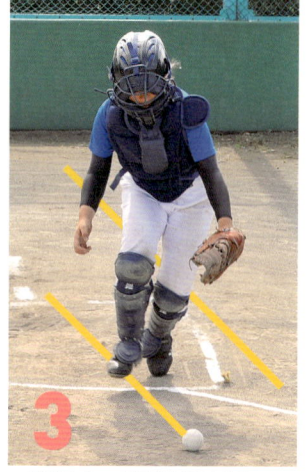

3 半身になって打球を処理する。

練習Point
周囲の声を聞き逃さない
送球先を判断するときに役に立つのが周囲の選手の声です。捕球時はボールに目がいくので仲間の声を頼りに送球先を判断しましょう。

練習Point
状況に応じた送球を
ランナーが詰まっている場合はタッチ不要、2塁に単独でいる場合はタッチプレーです。送球も状況に応じて変えましょう。

4 ボールを捕球後、ミットをふところの位置に移動させると同時に送球体勢を整える。

5 3塁方向に左肩を向け、左足を強く踏み込む。

6 3塁へ送球する。フォースプレー時は胸、タッチプレー時は足元の高さに投げるがベスト。

▶目安 5回×2セット

練習メニュー **45**

▶ 捕手の練習　　基本　　▶難易度：★★★★☆

キャッチャーフライを捕球する

DVD 2-3

▶効果：難しいキャッチャーフライを捕球できるようになる

1 ミットを構える。

練習Point
マスクをはずす練習もしておく

マスクは親指をひっかけてはずします。なれるまでは難しい動きなので、まずはマスクをはずす練習をしておくとよいでしょう。

2 打球が頭上に上がったことを確認して立ち上がると同時に、マスクに手をかける。

3 マスクを飛ばす。

4 ホームベースを背中にした状態でボールを追う。

5 落下地点を目指して移動する。

▶目安 **5回×2セット**

6 落下地点が予測できたらミットを構える。

7 ミットをしっかりと開いて、ひざをやわらかく使い、ボールをキャッチする（写真は正面から見た状態）。

8 右手をミットに添えてボールが落ちないようにする。

第2章　「ポジション別練習」編

79

練習メニュー **46**

▶捕手の練習 　基本　 ▶難易度：★★★★☆

クロスプレーのフットワークを覚える

▶効果：クロスプレーで絶対に負けないようになる

1 ホームベースのやや前に立ち、走塁スペースをあけておく。

2 送球をキャッチすると同時に、体をランナー方向へ動かす。

3 体とミットをななめ下に落としていく。タッチはひざからミットごとする。

練習Point
キャッチャーの立ち位置
走塁妨害になるため、ボールを持つまでは走塁コースをあけておくようにします。

練習Point
体の左側でタッチ
本塁に突進してきたランナーの勢いに負けないように、体の左側でランナーにタッチします。

▶目安 **5回×2セット**

練習Point
ボールはしっかりと抑え込む
激しいクロスプレーで、ミットからボールがこぼれてしまうのは、よくあることです。それを防ぐために、ミットの中のボールをつかみながらタッチするようにします。

4 ランナーがスライディングですべりこんでくることを想定してタッチのしやすい場所にミットを構える。ボールは絶対に落とさないようにする。

練習メニュー 47

▶ 捕手の練習　基本　▶難易度：★★★★★

カバー練習

▶効果：1塁カバープレーの動きが身につく

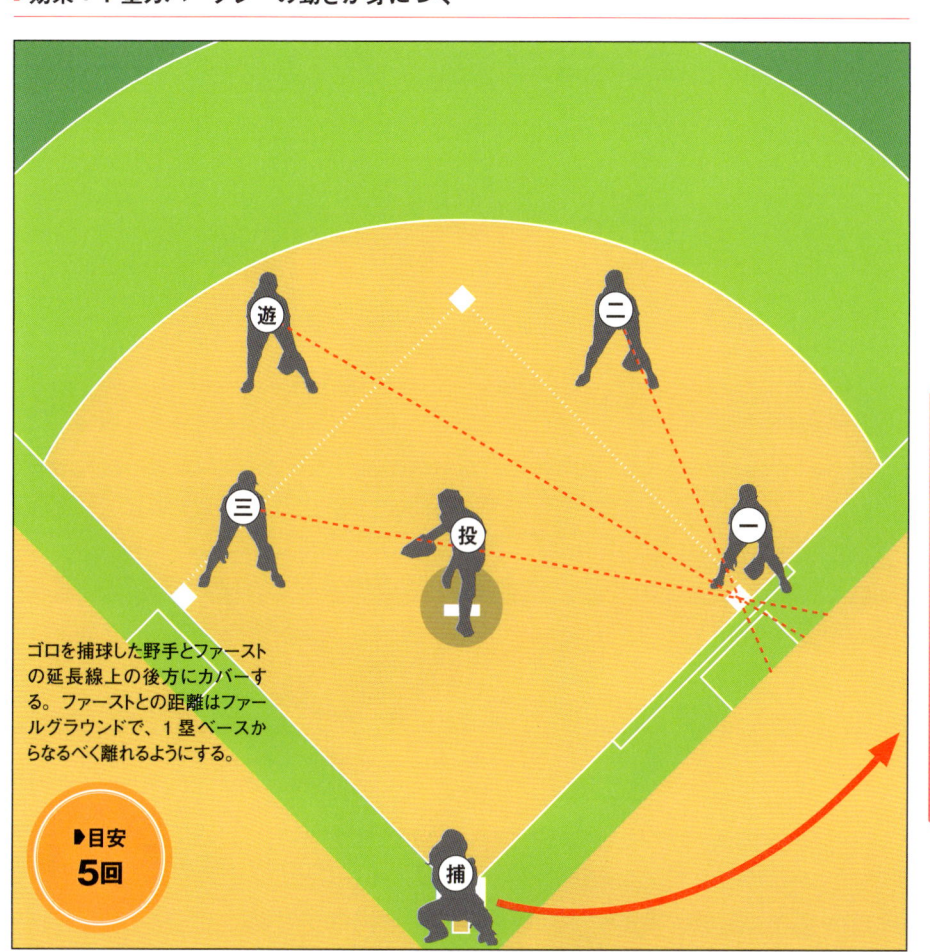

ゴロを捕球した野手とファーストの延長線上の後方にカバーする。ファーストとの距離はファールグラウンドで、1塁ベースからなるべく離れるようにする。

▶目安
5回

第 2 章　「ポジション別練習」編

練習Point

野手の暴投などでファーストが捕球できなかったボールをカバーしたキャッチャーが捕球します。捕球した後は、ランナーのオーバーランが目立つようであれば、すぐに1塁へ送球するようにします。

Training MENU of Junior Baseball 210 Chapter.2 INTRODUCTION

内野手の練習メニューについて

どんなゴロにも対応できるようになる

　守備がうまくなる練習メニュー、続いては内野手編です。ここで主に紹介しているのは、さまざまな種類の内野ゴロの捕球テクニックや、ダブルプレーのフットワークなどで、どちらも内野手にとっては欠かせないメニューです。体の動かし方や、グローブの使い方に始まり、ステップ、送球方法も細かく説明していますので、それぞれの項目で体を動かして、ポイントごとに復習してみてください。

▶内野手の練習メニュー

▶内野ノックメニュー

内野手が試合で最も対応を迫られるであろう内野ゴロを、高低、左右、ショートバウンドなど、さまざまなバウンドのゴロを想定して、練習メニュー化しています。さまざまなゴロへのタイミングの合わせ方や、グローブの使い方などを細かく説明しているので、これを覚えれば、飛んできたゴロによって動きを柔軟に変えられるようになります。また、正面では捕球することができない、守備範囲ギリギリの位置のゴロを捕球するときに活用するシングルキャッチ、逆シングルキャッチがうまくなる練習メニューも用意しています。

▶ダブルプレーのフットワーク

内野守備の花形ともいえる、ダブルプレーの捕球やフットワークが身につく練習メニューをポジション（ファースト、セカンド、サード、ショート）別、打球の方向（正面、右側、左側）別に細かく紹介しています。ゴロのさばき方に始まり、トスやノーステップスロー、回転スローなど、ダブルプレーには欠かせない小技もメニューに入っています。ダブルプレーには、シングルキャッチ、逆シングルキャッチが必要になることも多いので、上記の内野ノックメニューをしっかりとマスターした上で練習するようにしましょう。

第2章　「ポジション別練習」編

練習メニュー 48 | 内野手の練習 | 基本 | 難易度：★★☆☆☆

低いバウンドのゴロを捕球する

▶効果：基本的なゴロを捕球し、守備力を向上させる

DVD 2-4

▶目安 10回×3セット

1 腰ひざを少し曲げて構える。グローブは低い位置に置いておく。

2 打球の正面へ入る。

3 右、左の順に歩みを進め、左足を1歩前に踏み出し、捕球体勢に入る。かかとからつま先に体重移動、着地していくのが理想型。

4 下から上にグローブを使うイメージでグローブを地面につけて捕球する。

5 素早く右手でフタをする。

6 キャッチしたら、グローブをふところに持ってくる。

👁 指導者Check

プラスアルファでレベルアップ

守備がうまくなる一番の近道は、たくさんのノックを受けることです。最初は手で転がしたボールで感覚をつかみ、徐々に打球を強くしたり、ノックのペースを短くしたり、捕球後に送球のアクションを追加するなど練習をステップアップさせていくと上達が早まります。

| 練習メニュー 49 | ▶内野手の練習　　基本　　難易度：★★☆☆☆ |

ベルトから胸の高さのゴロを捕球する

▶効果：さまざまなゴロを捕球し、守備力を向上させる

DVD 2-4

▶目安 10回×3セット

1 ひざを少し曲げて構える。

2 打球の正面に入り、胸の高さで捕球体勢に入る。

3 胸の高さで捕球する。

4 キャッチしたら、グローブを胸に持ってくる。高い位置は胸、低い位置はふところに持ってくる。

| 練習メニュー 50 | ▶内野手の練習　　基本　　難易度：★★☆☆☆ |

高いバウンドのゴロを捕球する

▶効果：バウンドに合わせたポジションどりと、捕球のタイミングを覚える

DVD 2-4

▶目安 10回×3セット

1 バウンドに合わせ、捕球のポジションを決める。

2 打球の落ちぎわにタイミングに合わせ、捕球体勢に入る。

3 手を伸ばして届く位置で捕球する。

4 キャッチしたら、グローブを胸に持ってくる。

第2章「ポジション別練習」編

練習メニュー **51**

▶ |内野手の練習|　基本　▶難易度：★★★★★

ショートバウンドのゴロを捕球する

▶効果：ショートバウンドを捕球するコツをマスターする

DVD 2-4

▶目安 **10回× 3セット**

1 ひざを少し曲げて構える。

2 グローブの人差し指の裏側を地面につける。

3 手のひらをボールに向けて下から上へ動かすようにキャッチする。

4 キャッチしたら、グローブをふところに持ってくる。

練習メニュー **52**

▶ |内野手の練習|　基本　▶難易度：★★★★★

ランダムバウンドのゴロを捕球する

▶効果：どんなゴロが来ても捕球できるようになる

▶目安 **10回× 3セット**

1 ひざを少し曲げて構える。

2 ゴロを捕球して、グローブをふところへ持ってくる。続けて指導者は、さまざまなゴロをランダムに打つ。野手はゴロの種類によって動き方を変えて捕球する。

練習メニュー 53

▶ 内野手の練習　基本　▶難易度：★★★★★

シングルキャッチでゴロを捕球する

DVD 2-5

▶効果：ギリギリで届く左方向の打球を簡単に捕球できるようになる

▶目安 10回×3セット

1 ひざを少し曲げて構える。

2 左方向にダッシュ。ひざを曲げて、捕球体勢に入る。

3 左足を軸にグローブを持った手を伸ばして小指のほうから捕球する。

4 捕球後は、グローブの小指側から上に上げる。

練習メニュー 54

▶ 内野手の練習　基本　▶難易度：★★★☆☆

逆シングルキャッチでゴロを捕球する

DVD 2-5

▶効果：ギリギリで届く右方向の打球を簡単に捕球できるようになる

▶目安 10回×3セット

4 捕球後は、グローブを下から上へ上げる。

3 左足を軸に手のひらをボールに向ける。

2 右方向にダッシュ。腰を落とし、捕球体勢に入る。

1 ひざを少し曲げて構える。

第2章 「ポジション別練習」編

87

| 練習メニュー 55 | ▶内野手の練習 | 基本 | 難易度：★★★★☆ |

1塁手のダブルプレー

▶効果：1塁手のダブルプレーのフットワークがわかる

DVD 2-6

● 先に2塁へ送球する場合

▶目安 10回×3セット

4 2塁ベースの内側を狙って送球する。

3 アウトステップで右足を軸に体を2塁方向へ回転させ、送球体勢に入る。

2 正しく捕球する。捕球後はグローブをふところへ。

1 ゴロにタイミングを合わせ、捕球体勢に入る。

● 先に1塁ベースを踏む場合

1 ゴロにタイミングを合わせ捕球体勢に入る。

2 小指からボールに向かうように捕球する。グローブを下から上へ移動させる。

3 反時計回りに体を回しながら、右足で1塁ベースを踏む。グローブはふところへ。

4 回転して、ステップしセカンドに送球。

5 ランナーに当たらないように2塁へ送球する。

88

練習メニュー **56**

| 内野手の練習 | 基本 | 難易度：★★★★☆

2塁手のダブルプレー

▶効果：2塁手のダブルプレーのフットワークがわかる

DVD 2-6

● 正面・右方向の打球の場合
（2塁への距離が短い場合）

▶目安 **10回×3セット**

1 ゴロにタイミングを合わせ、捕球体勢に入る。

2 正しく捕球する。

3 2塁方向へ体を90度回転させ、左ひざは地面につける。

4 回転し胸を2塁へ向け、送球体勢に入る。

5 ランナーに当てないように送球する。

● 左方向の打球の場合
（1、2塁間の深い当たりの場合）

1 捕球体勢に入る。

2 捕球と同時に、左足を軸に体を反時計回りに回転させる。

3 体が2塁ベース方向に向いたらグローブをふところへ移し、送球体勢に入る。

4 回転して送球に入る。

5 2塁へ送球する。

第2章「ポジション別練習」編

89

| 練習メニュー 57 | ▶ 内野手の練習 | 基本 | ▶難易度：★★★★☆ |

2塁手のダブルプレー時のトス練習

▶効果：2塁手のトスのタイミングとコツがつかめる

DVD 2-6

● 二遊間ゴロの場合

1 捕球体勢をとる。

2 捕球して、素早く右手でフタをする。

3 体重を右足に移しながらボールを右手に移す。

▶目安 10回×3セット

4 遊撃手にボールを見せるようにボールを持ちかえる。

5 右足を踏み出すと同時にトス開始。

6 右足と右ひざを軸にスローイング開始。手首のスナップを利かせずにトスする。

練習Point
ボールを相手に見せる

トスをするときは、相手にボールの出どころを見せるように心がけましょう。1、2、3という3拍子のリズムを意識すると、スムーズにトスすることができます。

練習メニュー **58**

▶ |内野手の練習| 　基本　　▶難易度：★★★★★

3塁手のダブルプレー

DVD 2-7

▶効果：3塁手のダブルプレーのフットワークがわかる

1 ひざを少し曲げて構える。

2 正しく捕球する。素早く右手でフタをする。

3 両手をふところの位置へ持ってくる。

4 右足を左足に引きつける。

5 左足を2塁方向にステップする。

6 左足を2塁方向に踏み込む。

7 相手をしっかりと見て送球する。

▶目安 **10回×3セット**

第2章 「ポジション別練習」編

練習Point

肩を2塁へ向ける

3塁手が2塁に送球するときは、捕球後、そのまま2塁方向（横）にステップするだけです。そのとき、左肩をしっかりと2塁方向へ向けて投げるようにしましょう。

練習メニュー 59

▶内野手の練習　　基本　▶難易度：★★★★☆

遊撃手のダブルプレー

▶効果：遊撃手のダブルプレーのフットワークがわかる

DVD 2-7

▶目安 10回×3セット

1 ひざを少し曲げて構える。

2 打球の正面に入る。

3 正しく捕球する。素早く右手でフタをする。

4 両手をふところの位置へ持ってくる。

5 ノーステップ（小さなステップ）で送球体勢に入る。

6 相手をしっかりと見て送球する。

練習Point
ボールを見せる

送球時はボールをグローブから出し、相手になるべくボールを見せてから送球します。

| 練習メニュー 60 | ▶ 内野手の練習 | 基本 | ▶難易度：★★★★☆ |

遊撃手のダブルプレー時のトス練習

DVD 2-7

▶ 効果：遊撃手のトスのタイミングとコツがつかめる

1 ひざを少し曲げて構える。

2 打球の正面に入る。

3 左足を1歩踏み出し、しっかりとボールを見て捕球する。

4 捕球後すぐに、送球体勢に入る。

5 2塁手に見えるようにボールを持ちかえる。

6 重心を左足に移す。

7 右手右足でトス体勢に入る。

8 手だけでなく体ごと使ってトスする。

▶目安 30回×3セット

練習Point
スナップは使わない
手首のスナップを使わずに行なうようにします。

第2章 「ポジション別練習」編

Training MENU of Junior Baseball 210 Chapter.2 **INTRODUCTION**

外野手の練習メニューについて

絶対に後ろにそらさない守備力を身につける

　守備がうまくなる練習メニュー、最後は外野手編です。紹介しているのは、外野フライや外野ゴロの捕球の方法といった基本的なものや、本塁を狙うランナーをホームアウトにするためのバックホーム練習などです。外野手の後ろには誰もプレーヤーがいませんので、外野手は絶対にミスが許されないポジションであるともいえます。そんな鉄壁の守りをマスターするための練習メニューを紹介していきます。

▶外野手の練習メニュー

▶外野ノックメニュー

外野ゴロや外野フライなど、外野手のノックメニューを紹介しています。外野手は内野手に比べて守備範囲が広く、打球のバリエーションもさまざまという難しいポジションでもあります。しかし、ゴロやフライの基本ができていれば、外野の守備はそれほど難しいものではありません。その基本を身につけるために、ここで紹介してるメニューを繰り返し練習するようにしましょう。繰り返しますが、外野手の後ろには誰もいません。守備をするときは、「絶対に後ろに抜かれない」という気持ちを持って行うようにしましょう。

▶バックホーム

外野ゴロ、外野フライを捕球してからバックホームするときの練習を紹介しています。外野手はしっかりと捕球をしても、ランナーがいる場合、ランナーは常に次の塁を狙っています。中継プレー、内野手へボールを戻すバックプレーのスキをつかれて失点してしまうこともあるので、油断はできません。ランナーを確実にアウトにできるよう、素早く正確なプレーを身につけましょう。また、フェンス際のフライを捕球する練習や、クッションボールを処理する練習など、外野手にとって覚えておけば便利な技術を習得できるメニューも用意しています。

第2章 「ポジション別練習」編

練習メニュー 61

▶ 外野手の練習　　基本　　▶難易度：★★★★★

外野ゴロを捕球する

DVD 2-8

▶効果：正しい外野ゴロの捕球が身につく

1 ひざを少し曲げて構える。

2 打球のバウンドをしっかりと見極め、ボールを体の中心に迎える。

練習Point

後ろにそらさない守備をする

外野ゴロは強い打球や、バウンドが変則的な難しい打球が多くなります。しかし、外野手の後ろには誰も野手がいないので、打球を絶対に後ろにそらさない捕球が求められます。送球を急がない場合は、片ひざをついて確実に打球を止めるのも1つの方法です。

3 手のひらをボールへ直角に向け、グローブを地面につけて、ボールを正面に迎えて捕球する。

▶目安 10回×3セット

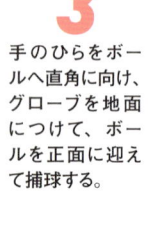

4 捕球後は、両手をふところの位置に持ってくる。そしてステップへ移る。

練習メニュー **62**

| 外野手の練習 | 基本 | 難易度：★★★★★ |

外野フライを捕球する

▶効果：正しい外野フライの捕球が身につく

DVD 2-8

▶目安 **10回×3セット**

練習Point

2、3歩後ろで待つ

外野フライは、ボールが落ちてきた時に少し前に出て捕球できるような位置で待つのが理想的です。

1 リラックスした状態で落下地点の2、3歩後ろで待つ。ボールは顔のななめ前45度くらいで見上げる。

2 ボールが落ちて来たら、落下地点に進みグローブを構える。

3 体の正面、グローブ側の肩の延長線上あたりで捕球する。

第2章 「ポジション別練習」編

練習メニュー **63**

▶ 外野手の練習　応用　難易度：★★★★★

フェンス際の外野フライを捕球する

▶効果：フェンス際の大飛球に強くなる

DVD 2-8

1 打球を見ながら素早くフェンスまでダッシュ。

2 フェンスまでの距離を確認する。

3 素早くボールに目を戻し、片手でフェンスの位置を確認する。

4 フェンスに触れながら、片手でキャッチ。

▶目安 **10回×3セット**

練習Point

ケガ防止の効果も

片手でフェンスの位置を確認する行為は、フェンスに激突してケガをすることの防止にもなります。また、チームメイトからの声かけもケガの防止に効果的です。

練習メニュー 64

|外野手の練習| 応用　難易度：★★★★★

外野ゴロを捕球してバックホーム

DVD 2-9

▶効果：サヨナラのランナーをアウトにするゴロのバックホームが身につく

1 スピードに乗ったまま、打球の正面に入る。

2 歩幅を調整して、グローブを下から出し、手のひらをボールへ向けて捕球。

3 捕球後、グローブをすくい上げる。

5 ホーム方向へ強くステップ。

4 グローブを胸に持ってきてスピードを落とさずに送球体勢に入る。

練習Point
その他の捕球
この他にも、ゴロを正面で捕る場合、右足前で捕る場合、左足前で捕る場合があります。

6 ステップで勢いをつけて、テイクバックに入る。

7 グローブを投げる方向へ向けてテイクバックは大きくとる。

8 ホームめがけて強く早いボールを投げる。

▶目安 10回×3セット

第2章 「ポジション別練習」編

| 練習メニュー 65 | ▶外野手の練習 | 応用 | ▶難易度：★★★★★ |

外野フライを捕球してバックホーム

▶効果：ランナーをアウトにするフライのバックホームのフットワークが身につく

DVD 2-9

練習Point
後ろから勢いをつけて捕球
バックホームのときは、落下地点のやや後ろから勢いをつけてキャッチ。そのスピードを利用して勢いよく投げるのがコツです。

1 落下地点よりやや後ろの位置で待つ。

2 打球が落ちてくるのに合わせて、落下地点へ移動する。

3 スピードに乗ったまま捕球する。

4 体勢を整えながらステップ開始。

5 グローブを胸の位置まで持ってくる。

6 スピードを落とさずにテイクバック。

7 しっかりと踏み込み目標を目視する。

8 ホームめがけて速く強いボールを投げる。

▶目安 10回×3セット

練習メニュー 66

| 外野手の練習 |　応用　難易度：★★★★☆

クッションボールの処理

DVD 2-9

▶効果：予測が難しい打球に対処する

1 フェンス側へ体を向け、ボールの動きを確認する。

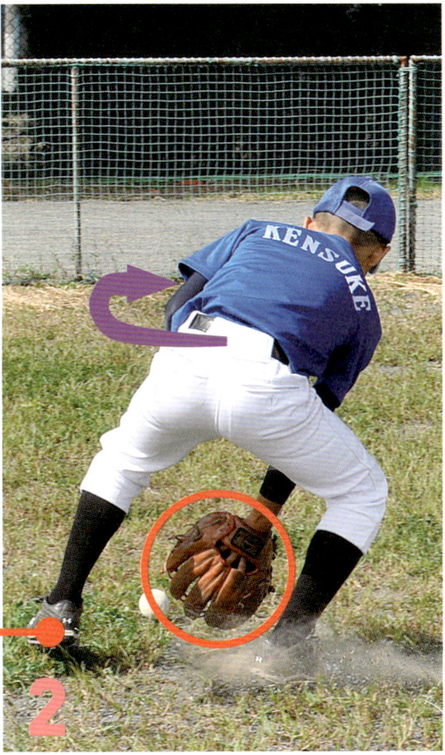

2 ボールが跳ね返るコースに入って、半身で捕球する。

3 すぐにステップを踏んで送球体勢に。

4 カットマンまで送球する。

▶目安 10回×3セット

練習Point
半身で捕球
クッションボールの処理は、すぐに送球できるように、半身の姿勢で捕球するようにします。

第2章「ポジション別練習」編

| 練習メニュー 67 | 矯正レスキュー | 応用 | 難易度：★☆☆☆☆ |

素手で連続ゴロキャッチ

▶効果：「グローブの芯でボールをキャッチできない」クセを直す

1 グローブをしない状態で、腰を落として捕球体勢をとる。

2 正面からゴロを転がしてもらい、素手で捕球する。このとき、手のひらをまっすぐボールに向ける。

3 両手をふところに持ってくる。

4 捕球後、すぐにボールを転がしてもらう。

5 再び手のひらをまっすぐボールに向けてボールを捕球する。

6 左手を下から上へ持ち上げる。これをスピードを上げながら数回繰り返す。

練習メニュー 68

| 矯正レスキュー | 応用 | 難易度：★☆☆☆☆

壁当てキャッチ

▶効果：「手の平がボールに向かない」クセを直す

1 壁の前に正対して、ボールを壁に投げる。

2 壁で跳ね返ってきたボールの正面で捕球する。

▶目安 10回×3セット

3 すぐにボールを壁に投げる。

4 壁で跳ね返ってきたボールの正面で捕球する。これを数回繰り返す。

第2章「ポジション別練習」編

| 練習メニュー 69 | ▶ 矯正レスキュー | 応用 | ▶難易度：★☆☆☆☆ |

鏡の前で手の向きを確かめる

▶効果：「グローブが正面を向いていない」クセを直す

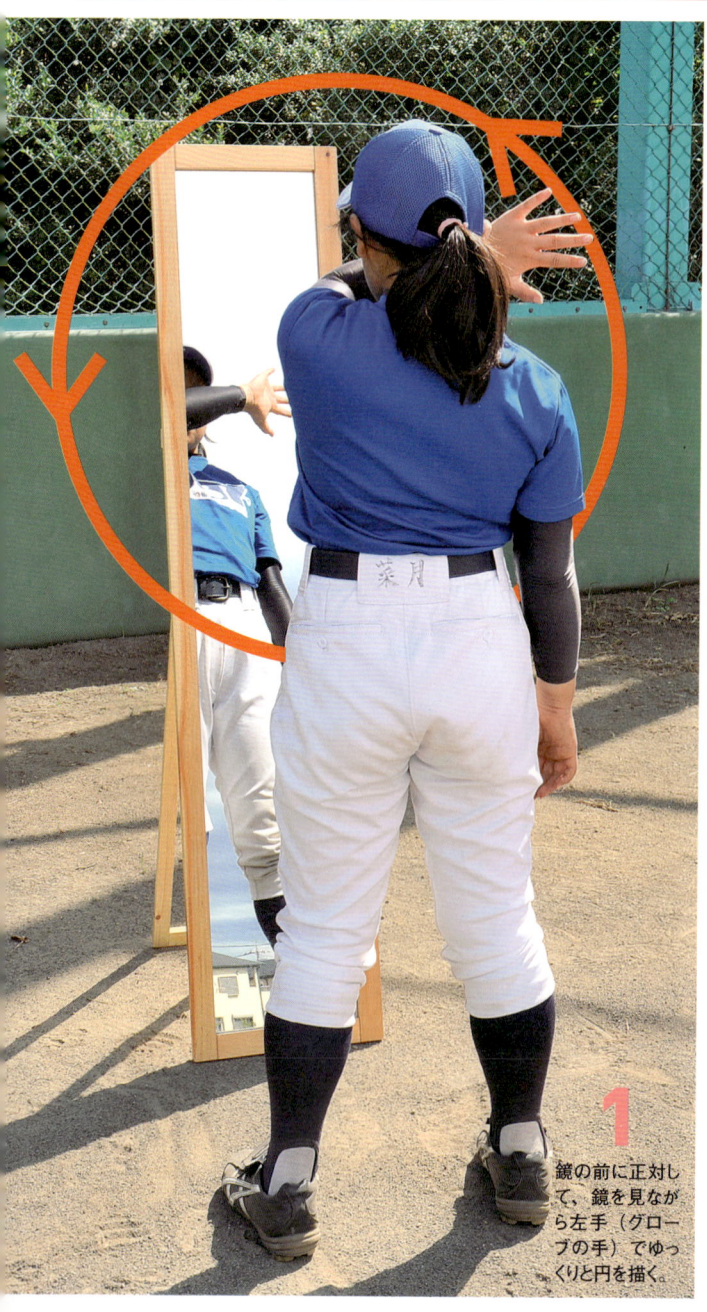

1 鏡の前に正対して、鏡を見ながら左手（グローブの手）でゆっくりと円を描く。

2 回せないところまでいったら、同じ軌道で逆回りに円を描く。

練習Point

5本の指はしっかりと開く

この練習は、「グローブが正面を向いていないクセ」を直す練習であると同時に、「グローブがしっかり開いていないクセ」を直す練習でもあります。円を描くときに意識的に5本の指を開くようにすれば、グローブをしたときにグローブが開くようになります。

Training MENU of Junior Baseball **210**

| 第 **3** 章 |

攻撃が うまくなる 練習メニュー

バッティング
Batting ——— 編

60 Menu

Training MENU of Junior Baseball 210 Chapter.2 **INTRODUCTION**

バッティングの練習メニューについて

地道な反復練習が好打者・強打者を生む

本章では、バッティングがうまくなる練習メニューを紹介していきます。オリジナル素振りを始め、コース別のミート練習やバント練習など、基礎的な練習メニューが多く含まれており、一見地味な練習のように感じるかもしれません。しかし、プロ野球で活躍しているスター選手たちも、このようなバッティング練習を繰り返し練習しています。好打者、強打者は1日にして成らず。地味であっても繰り返し練習することが好打者、強打者への近道なのです。

▶バッティングがうまくなる練習メニュー

▶バッティングフォームを作る

バットの握り方や構え方、スタンス、ステップ、スイングなど、バッティングの基本となる動きを覚えるための練習メニューを紹介しています。さらに、スイングの強化やミートポイントで手首を返すときの感覚が身につく、オリジナル素振り法もあります。

▶ミート

ティー台を使って止まったボールでコース別にスイングを覚えたり、トスボールで実際に動いたボールを打つなど、ミート力を高める練習メニューを紹介しています。「フェイクトスバッティング」など本書オリジナルトスバッティングも紹介しています。

▶バント

バットの握り方や構え方、スタンス、コース別の動きなど、バントの基本が身につく練習メニューを紹介しています。また、応用として、狙ったコースへ転がすテクニックや、セーフティバントやバスターなどの小技が身につくメニューも用意しています。

▶その他練習

連続打ちや、ペッパーなど、バットコントロールやバットスイングが速まるなど、ワンランク上のレベルを目指したい人へ向けた練習メニューを紹介しています。また、「ボールを芯でミートできない」などの、弱点を克服する「矯正レスキュー」も用意しています。

第3章 「バッティング」編

107

| 練習メニュー 70 | ▶打撃フォーム作り | 基本 | ▶難易度：★★★★★ |

正しくバットを握って構える

▶効果：効率的に力が伝わる正しい握りの習得

DVD 3-1

▶両脇をしめて構える場合

両手をぴったりとつけて、手のひらで包み込むように握る。

指導者Check

第一・第二関節とは？

第一関節が A
第二関節が B
第三関節が C

練習Point

第二関節をそろえる

両脇をしめて、右手の第二関節同士が一直線になるように握ります。

練習Point

第二関節と第二から第三関節の間でそろえる

右手の第二関節のラインが左手の第二関節から第三関節の間にくるように握ります。

▶肩より後方で構える場合

肩よりやや後ろの位置でバットを構えて握る。

練習メニュー 71

▶ 打撃フォーム作り　　基本　　▶難易度：★★★★★

スタンスを決める

▶効果：自分にあったスタンスを見つける

DVD 3-1

● スクエアスタンス

両足をホームベースと平行にして立つ。肩のラインはピッチャーにまっすぐ向けるようにする。

練習Point

スタンダードにしてオールマイティ

最もスタンダードなスタンス（足幅）で、インコース、アウトコース問わずどんな球にも対応できるのが特長です。

● オープンスタンス

左足を後ろに引いて立つ。肩のラインはピッチャーに対しまっすぐ向くようにする。

練習Point

ボールが見やすい

スクエアスタンスやクローズドスタンスに比べ、体が開いているのでボールが見やすい構えです。

● クローズドスタンス

左足を前方に踏み出して立つ。肩のラインはピッチャーに対してまっすぐ向くように構える。

練習Point

力のあるバッター向き

クロスステップになるステップなので、力のあるバッターでないと、なかなか飛距離を出すことができません。

第3章 「バッティング」編

練習メニュー **72**

▶打撃フォーム作り　基本　▶難易度：★★★★★

バッターボックスで構える

DVD 3-1

▶効果：ピッチャーのタイプに合わせたバッターボックスの立ち位置を覚える

● ベースの正面に立つ場合

1 ベースの正面でバットの先が外角に届く位置に立つ。

2 オーソドックスなピッチャーの場合は、この位置で構えるようにする。

● ベースより前に立つ場合

1 ベースより前方でバットの先が外角いっぱいに届く位置に立つ。

2 ピッチャーのボールが遅いときなどに、この位置で構えるようにする。

● ベースより後ろに立つ場合

1 ベースより後方でバットの先が外角いっぱいに届く位置に立つ。

2 ピッチャーのボールが速いときなどに、この位置で構えるようにする。

練習メニュー **73**

▶ |打撃フォーム作り| 　基本　▶難易度：★☆☆☆☆

ステップ練習

▶効果：正しく力が伝わるステップを覚える

DVD 3-1

1
自分に合ったスタンスで構える。

練習Point
ホームベースと平行を意識する
スタンスは肩幅よりやや広めにとるのが一般的です。ステップはホームベースと平行にすることを心がけましょう。

練習Point
ピッチャーにまっすぐにステップ
ステップはピッチャーまたはボールにまっすぐするのが理想です。

2
ピッチャー方向に左足をまっすぐ踏み出す。

3
左足の拇指球から着地する。

練習Point
拇指球から着地する
左足は、肩や腰、ひざが開かないように拇指球から着地させます。このときに体が上下しないように注意しましょう。

第3章 「バッティング」編

111

練習メニュー **74**

▶|打撃フォーム作り| 　基本　▶難易度：★★★★★

最短距離でバットを出す練習

▶効果：肩口からバットを出すスイングを覚える

▶目安
10回×3セット

1 あごを引き、脇をしめ、肩と腰を地面に平行にして構える。

2 テイクバックをとり、左足を踏み出し、トップの状態を作る。

3 脇をしめたまま、肩口からグリップより先行してバットを振り下ろす。

4 腰と両足を回転させる。

5 バットを体から離さずに振り抜く。

6 フォロースルーまでしっかりととる。

練習Point
耳と肩口の間からヘッドが出る

バットはヘッドを立て、耳と肩口の間（バットが最短距離でボールに当たるコース）からヘッドが出るとように振り下ろします。バットにボールを当てる瞬間（ミートポイント）まではグリップが先行し、ヘッドが後から出てくるのが正しいスイングです。

×NG×
ドアスイングに注意！

ヘッドを先に出そうとすると、軌道が大回りになったり、手首をこねたり、ドアスイングになってしまうので注意しましょう。

練習メニュー **75**

▶ |打撃フォーム作り| 　基本　▶難易度：★★★★★

ピッチャーをイメージして素振り

▶効果：タイミングを意識したスイングができる

▶目安 **10回×3セット**

1 リラックスした状態でグリップを肩より後ろ、左足と対角線上に構える。あごを引き、脇をしめ、肩と腰を地面に平行にする。

2 ピッチャーをイメージして、投球に合わせてステップ開始。

3 腰が開かないようにテイクバックをとり、左足を踏み出す。このときトップ状態が作れているようにする。

4 脇をしめたまま、耳と肩口の間から、バットをグリップから振り下ろすようにスイング。

5 バットと同時に腰と両足を回転させる。

6 右手でボールを押し込むイメージでバットを体から離さずに振り抜く。

7 フォロースルーまでしっかりととる。

練習Point
ボールの軌道をイメージする

ボールの軌道やどんなピッチャーなのか、どんなコースに投げてくるのかなど、なるべく具体的にイメージするとよいです。イメージがわかないという人は、ピッチング練習をしているピッチャーを見ながらスイングをするのも1つの方法です。

練習Point
ヘソの前で手首を返す

どんなコースであっても、ミートポイントは体の前になります。素振り段階からこれを徹底しておくとよいでしょう。ヘソの前で手首を返すイメージを持って、ジャストミートを心がけてスイングしましょう。

第3章 「バッティング」編

練習メニュー **76**

▶ 打撃フォーム作り　応用　▶難易度：★★★★★

リスト素振り

▶効果：リスト（手首）を強化する素振り

DVD 3-2

×NG×
ひじを曲げる

リストの強化を目的としたこの練習は、リストを支点に、手首だけを使って行います。ひじや腕などを曲げないようにしましょう。

▶目安
10回×3セット

1. 片手でバットのグリップ部分を持ち、腕を前方へまっすぐ伸ばす。
2. リストを支点にバットを胸の高さまで振り下ろす（水平にする）。
3. リストを支点にバットを手前に戻す。これを反対側も行う。

練習メニュー **77**

▶ 打撃フォーム作り　応用　▶難易度：★★★★★

面素振り

▶効果：両腕のひじから先を鍛える素振り

DVD 3-2

▶目安
10回×3セット

1. 両手でバットのグリップ部分を持ち、腕を前方へまっすぐと伸ばす。
2. リストを支点に腕を伸ばしたままバットを振り下ろす。
3. 水平になるまで一気に振り下ろす。
4. リストを支点に腕を伸ばしたままバットを元に位置に戻す。

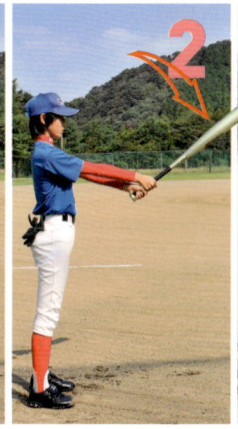

| 練習メニュー 78 | ▶打撃フォーム作り　応用　▶難易度：★★☆☆☆ |

ミートポイント素振り

▶効果：リストの強化と、ミートポイントにおける手の使い方を覚える素振り

DVD 3-2

▶目安 10回×3セット

1. 肩幅より少し広めにスタンスをとり、ミートポイントの位置でバットを水平に構える。
2. 押し出すような感覚でリストだけを使ってバットを前に出す。ヘッドは下げない。
3. リストだけを使ってバットのヘッドを引く。手の位置は動かさない。
4. リストだけを使ってバットを前に押し出す。

| 練習メニュー 79 | ▶打撃フォーム作り　応用　▶難易度：★☆☆☆☆ |

ゴルフ素振り

▶効果：リストの強化と、バットを最短距離で出す感覚をつかむ素振り

DVD 3-2

▶目安 10回×3セット

1. 肩幅より少し広めにスタンスをとり、ゴルフのようにバットを持ちバックスイングする。
2. 最短距離でゴルフのようにスイングする。
3. ヘソ（ベルト付近）を支点にリストターン。
4. リストが返ったらバットを逆方向へ戻していく。

第3章 「バッティング」編

練習メニュー 80

▶ 打撃フォーム作り　　応用　　▶難易度：★★★★★

リストターン素振り

▶ 効果：ミートポイントでリストを返すコツがわかる

DVD 3-3

1 両足をやや開いた状態で、バットを構える。

2 ヘソかベルトの位置でリストターン。腰は極力回さず、振れるところまで振る。

3 バットを同じ軌道で戻していく。

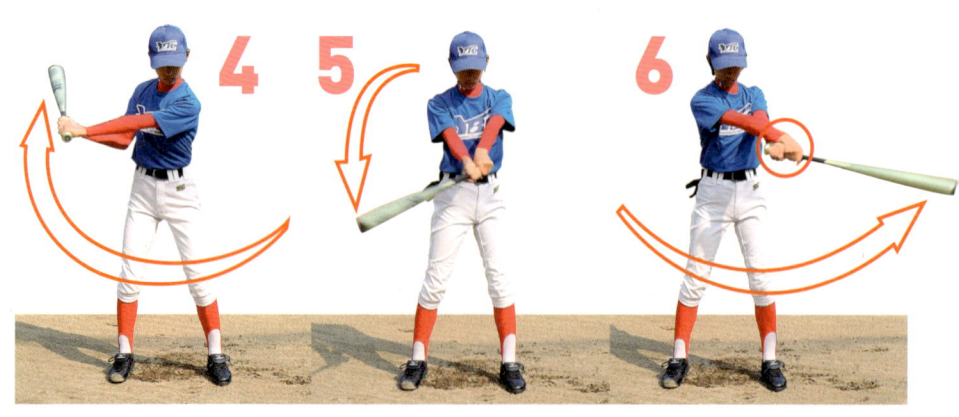

4 肩口までバットを戻す。

5 再びバットを振り下ろす。

6 再びヘソかベルトの位置でリストターンする。

練習Point
ヘソの前を意識する
手首はヘソの前で返すことを意識的に繰り返すと、正確なミートポイントで、手首を返すことができます。

▶目安 10回×3セット

| 練習メニュー 81 | ▶打撃フォーム作り | 基本 | ▶難易度：★★★★★ |

ワッグル

▶効果：ステップを踏んでベルトの高さのミートポイントでリストを返す素振り

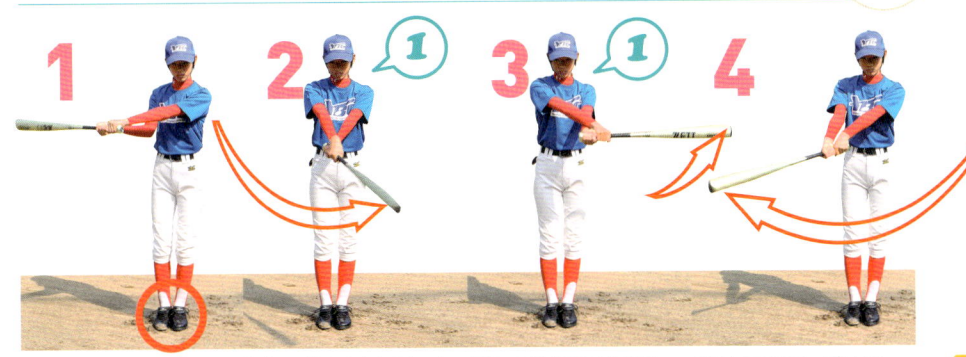

DVD 3-3

1 両足をそろえた状態で、バットをベルト付近の高さに寝かせて構える。

2 「1」の掛け声とともにベルトの高さでスイング。ヘッドは下げない。

3 「1」の掛け声のうちに、ヘソの前でリストターンする。

4 ベルトの高さで、逆スイングする。

5 スイングはベルトの高さをキープする。

6 バットを後ろへ回していく。

7 トップの状態で左足をステップして、スイングの動作へ移る。

8 「2」の掛け声で左足を踏み込み、ステップ開始。

9 「3」の掛け声で、ベルトの高さで力強くスイングする。

10 フォロースルーまでしっかりと振り抜く。

▶目安 **10回×3セット**

練習Point
声出しが大切！

ワッグルをするときは、必ず「1」「2」「3」と掛け声を出しながら練習するようにしましょう。掛け声をかけることで、現在の行程が明確になるだけではなく、体にテンポのよいスイングのリズムを覚えさせることができます。

第3章 「バッティング」編

練習メニュー **82**

▶ 打撃フォーム作り　応用　▶難易度：★★★★★

片手素振り

▶効果：左手首の返しかたを覚える素振り

DVD 3-3

1 / **2** / **3** / **4**

▶目安 **10回× 3セット**

腰の高さにバットを構える。右手はバットに添えるだけ。

左手だけでスイングする。左手はこの位置から動かさない。

腰の高さをキープしてリストターン。

ヘッドを下げないように振り抜く。

練習メニュー **83**

▶ ミート　基本　▶難易度：★★★★★

真ん中の止まったボールに当てる

▶効果：真ん中のボールのミートポイントを覚える

DVD 3-4

ティー台にボールをセットして、ゆっくりとベルトの高さのバットを振ってボールに当てる。ミート後は右手で押し込むようにスイングする。この位置からリストが右へ流れないようにする。

▶目安 **10回× 3セット**

👁 指導者Check

コースをつけて練習

最初はど真ん中、続いて高さは変えず内角・外角を練習します。指導者はバットの出方を確認してあげましょう。

練習メニュー 84

▶ ミート　基本　▶難易度：★★☆☆☆

低めの止まったボールに当てる

▶効果：低めのボールのミートポイントを覚える

DVD 3-4

▶目安 10回×3セット

ティー台に低めのボールをセットして、ゆっくりとバットを振ってボールに当てる。この位置からリストが右へ流れないようにする。

練習Point
上からたたく
低めのボールは、すくい上げるようなスイングはせずに、上からたたくイメージでスイングします。

練習メニュー 85

▶ ミート　基本　▶難易度：★★★☆☆

高めの止まったボールに当てる

▶効果：高めのボールのミートポイントを覚える

DVD 3-4

▶目安 10回×3セット

ティー台に高めのボールをセットして、ゆっくりとバットを振ってボールに当てる。この位置からリストが右へ流れないようにする。

練習Point
ヘッドを下げない
高めのボールは、両脇をしめ、頭を動かさずにバットのヘッドを下げないようにスイングします。

第3章 「バッティング」編

練習メニュー 86 ｜ミート｜ 基本 ｜難易度：★☆☆☆☆

外角の止まったボールに当てる

▶効果：外角のボールのミートポイント（センター方向）を覚える

DVD 3-4

▶外角真ん中

ティー台に外角真ん中のボールをセットして、ゆっくりとバットを振ってボールに当てる。ミートポイントはキャッチャー寄りに置く。

練習Point

センター方向へ打つような感覚で打つ

ボールに逆らわないようにセンター方向やライト方向へヘッドを出すようなイメージで、バットにボールに当てましょう。

▶外角低め

ティー台に外角低めのボールをセットして、ゆっくりとバットを振ってボールに当てる。ミートポイントはキャッチャー寄りに置く。

練習Point

手元までボールを引きつける

バットとボールの距離が最も遠いコースなので、ボールを手元までしっかり呼び込んで、重心がしっかりと乗るようにします。

▶外角高め

ティー台に外角高めのボールをセットして、ゆっくりとバットを振ってボールに当てる。ミートポイントはキャッチャー寄りに置く。

練習Point

ヘッドが下がらないようにする

ヘッドを立てて上からボールをたたくイメージでスイングします。自分の右サイドで押し込むようにスイングします。

▶目安 10回×3セット

練習メニュー 87

▶ ミート　　基本　　▶ 難易度：★☆☆☆☆

内角の止まったボールに当てる

DVD 3-4

▶ 効果：内角のボールのミートポイント（前め）を覚える

内角真ん中

ティー台に内角真ん中のボールをセットして、両脇をしめたままゆっくりとバットを振ってボールに当てる。ミートポイントはピッチャー寄り。

練習Point

腕を折りたたむようにスイング

内角のボールは始動を早く、腰を鋭くひねり、両わきをしめ、腕をたたむようにスイングします。ひざは柔軟に保つようにしましょう。

内角低め

ティー台に内角低めのボールをセットして、両脇をしめたままゆっくりとバットを振ってボールに当てる。ミートポイントはピッチャー寄り。

練習Point

内角低めも腕を縮めて打つ

バットとボールの距離が長いので比較的打ちやすいコースですが体を開きすぎたり、前へ突っ込みすぎないように腕を縮めて体を回して打ちましょう。

内角高め

ティー台に内角高めのボールをセットして、両脇をしめたままゆっくりとバットを振ってボールに当てる。ミートポイントはピッチャー寄り。

練習Point

バットのヘッドを下げずに上からたたく

インコース高めのボールには、腰をコンパクトに回し、バットのヘッドを立てて最短距離で上からボールを叩くようなイメージを持ちます。

▶ 目安　10回×3セット

第3章「バッティング」編

練習メニュー 88

▶ ミート　　　基本　　▶難易度：★☆☆☆☆

ティー台バッティング

DVD 3-5

▶効果：止まったボールを打つバッティングの基礎練習

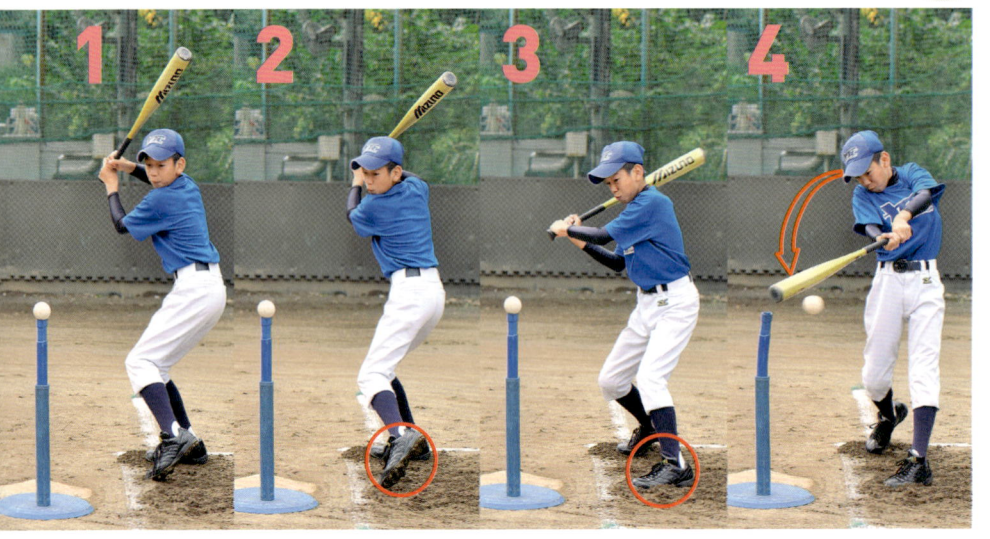

1
2
3
4

ティー台にボールをセットし、構える。

左足をまっすぐステップし、スイングへ。

ホームベースに対して平行にステップ。脇をしめたままスイング開始。左手はなるべく伸ばす。

耳と肩口の間からバットのヘッドを振り下ろし、ボールをミートする。

5
6

ミート後は腰を鋭く回し、リストターン。

バットを大きく振り抜いてフォロースルーをとる。

練習Point

前の腰が開かないステップ

ティーバッティングをするときは、まずしっかりとボールの中心を打つこと、そしてステップしたときに、前の腰が開かないようにすることに注意しましょう。ティー台にバットが当たってしまうのを恐れて、ボールの上側をこするようなスイングになってはいけません。ボールの中心を打つためには、ミートの瞬間までしっかりとボールを見ることが重要になります。

▶目安
10回×3セット

練習メニュー 89

▶ ミート　　　　　　　　基本　　▶難易度：★☆☆☆☆

ティーバッティング

DVD 3-5

▶効果：ボールを手元に呼び込んで打つバッティング練習

1
バッターはバッターボックスに入り、少し離れた距離に指導者を置く。

2
ボールが手元に来るまで肩や腰を開かず、タメを作って待つ。ボールが中間に来たときにトップの状態を作る。

3
ボールが手元に来たら、しっかりとボールを見てスイング。

4
最後までしっかりと振り抜く。

第3章 「バッティング」編

▶目安
10回×3セット

×NG×
トップが作れない

トスバッティングでは、ステップしたときに、上体と下半身が割れるトップの形を作らなければいけません。指導者が投げるボールにタイミングが合わずに空振りしてしまうようでは、実戦でボールに当てることは難しいでしょう。

| 練習メニュー 90 | ▶ ミート | 応用 | ▶難易度：★★★★★ |

山なりトスバッティング

▶効果：ボールをしっかりと見て、ボールに当てるバッティング練習

DVD 3-5

1 バッターはバッターボックスに入り、指導者に山なりのボールを投げてもらう。

2 ボールにタイミングを合わせてステップを踏み、肩、腰、ひざにグッと力を入れてトップの状態を作る。

3 手元までボールを引きつける。

4 手元までボールが来たらミートポイントでボールを上からたたく。

5 へその前で手首を返し、その勢いのままフォロースルーをとる。

▶目安 10回×3セット

👁 指導者Check

山なりのボールを投げる目的

山なりのボールを投げる目的は、バッターにトップの状態を作らせることです。この練習を行うときは、バッターにしっかりとトップの形を作ることを意識させて行いましょう。また指導者はしっかりとしたボールを投げられるようにしましょう。

練習メニュー 91

▶ ミート ｜ 応用 ｜ ▶難易度：★★★★★

フェイクトスバッティング

▶効果：タイミングがずれてもフォームが崩れない

DVD 3-5

▶目安 10回×3セット

1 指導者がトスを投げるフリをする（フェイクを入れる）。バッターは肩、腰、ひざを開かず、体勢を崩さないようにトップの状態をキープし、ボールを待つ。

2 指導者がトスをする。

3 手元にボールを呼び込み、ボールが来たらスイングする。

練習メニュー 92

▶ ミート ｜ 応用 ｜ ▶難易度：★★★★★

右方向限定トスバッティング

▶効果：体が開かないバッティングフォームができる

DVD 3-5

▶目安 10回×3セット

1 腰を早く動かさず、ボールをしっかり引きつける。

2 体が開かないように意識しながら、右方向を狙ってスイング。ミートポイントは自分に一番近い位置が理想。

3 体が開かないようにフォロースルーをとる。

第3章 「バッティング」編

| 練習メニュー 93 | ▶ミート | 応用 | ▶難易度：★★★★★ |

ワッグルトスバッティング

▶効果：腰の回転とミートに重点を置いたバッティング練習

▶目安 10回×3セット

1 指導者と向かい合い、バットを構える。

2 トスが上がる前に、「1」と掛け声を出してステップを踏まず、スイングする。

3 トップの状態を作り、「2」の掛け声でステップをはじめる。

4 「3」の掛け声でヒッティング。

5 しっかりとフォロースルーをとる。

| 練習メニュー 94 | ▶ミート | 応用 | ▶難易度：★★★★★ |

ウォーキングトスバッティング

▶効果：体重移動とミートに重点を置いたバッティング練習

▶目安 10回×3セット

1 指導者と向かい合い、バッターボックスの後ろでバットを構える。

2 右足で左足の後ろにクロスステップを踏む。

3 左足を前方へ強く踏み込み、トップの状態を作る。

4 左足に体重を乗せ、ボールをしっかりと見てスイング。

5 ミートポイントでヒッティング。リストターンする。

6 しっかりとフォロースルーをとる。

| 練習メニュー 95 | ▶ ミート | 応用 | ▶難易度：★★★★☆ |

グリップエンドヒット

▶効果：バットをグリップから出せるようになる

DVD 3-6

▶目安 10回×3セット

1 リラックスした状態で構える。

2 グリップエンドを前へ向けて構える。このとき肩が開かないようにする。

3 グリップエンドを前に出してボールを打つ。

×NG× **構える位置が低すぎる**

バットを構える位置が低すぎると、肩口からバットを下ろす（インサイドアウト）ことができなくなります。

| 練習メニュー 96 | ▶ ミート | 応用 | ▶難易度：★★★★★ |

ヘッドヒッティング

▶効果：腕と手首の正しい使い方ができるようになる

▶目安 10回×3セット

DVD 3-6

1 両足を肩幅より少し開き、胸の前でグリップを前に出して構える。手首はスイングまで動かさない。

2 ボールに合わせてスイングを開始する。ステップは踏まない。スイングはグリップからを意識する。

3 支点を動かさず、腕とリストだけを使って、押し込むようなイメージでヘッドだけを出す。

4 リストターンをしてフォロースルーをとる。

第3章 「バッティング」編

127

練習メニュー 97

▶ バント　　基本　　▶難易度：★★★★★

正しいバントの握り方を覚える

DVD 3-7

▶効果：ボールの力に負けないバットの握り方を覚える

練習Point
左手でグリップをしっかり握る

左手（下の手）は、ボールの勢いに負けないように右手から少し離れたグリップの位置で、5本の指でしっかりと握ります。

練習Point
右手は親指と人さし指で握る

右手（上の手）は、指をバットで隠すように親指と人さし指と中指で握ります。

▶別角度

親指が上向き、バットの表面に指が出ないように注意する。

練習Point
5本指で握る方法もある

3塁側に強い打球を転がすとき、バットを長く持つときなどには、バットの根元を右手の5本指で握ります。このとき、指がボールとバットのサンドウィッチにならないように注意する。

練習メニュー **98**

▶ バント　基本　難易度：★☆☆☆☆

正しいバントの構えを覚える

▶効果：バントに適したオーソドックスな構えを覚える

DVD 3-7

練習Point
バットの位置を基準にする
バットは外角高めに構え、バットより高いボールは見逃すようにします。

練習Point
バットの後ろに目がくる
ボール、バット、目が一直線になるようにする。バットと目の間隔はずっと一定にする。

練習Point
肩をリラックスさせる
肩は力を入れずにリラックスした状態で構えます。

練習Point
ひざを柔軟に使う
ひざはリラックスした状態で、少しだけ曲げておきます。ボールの高低に対しては、ひざを使って対応します。バットだけで操作はしないようにします。

練習Point
肩幅より広げて立つ
スタンスは肩幅より広くして、足の親指に力を入れて立ちます。つま先は、1塁〜ピッチャー方向へ向けます。

練習Point
スタンスは4つある
スタンスはオープン、少しオープン、スクエア、クローズの4種類がある。

第 3 章 「バッティング」編

練習メニュー 99

▶ バント　　基本　　▶難易度：★★★★★

ヒッティング体勢からバントの構えをとる

DVD 3-7

▶効果：どんな構えからも正しいバントの構えをとる

1 バッターボックスで構える。

2 右手をバットの中間くらいに移し、同時に体をややピッチャーへ向け、バッターボックスの前方へ進む。

◉ 別角度

▶目安
10回×3セット

練習メニュー 100

▶ |バント| 基本 ▶難易度：★☆☆☆☆

真ん中のボールをバントする

DVD 3-8

▶効果：真ん中のボールを確実にバントする

1 ストライクゾーンの外角高めにセットして、バットと目の間隔を変えないようにひざで高さを調整する。ボールとバットと目の高さは常に一直線上になるようにする。

2 最後までしっかりとボールを見て、バットの芯より先に当てる。このとき、ヘッドが下がらないように注意する。

3 ボールの力に負けないように確実にフェアゾーンに転がす。

▶目安 10回×3セット

練習Point

バッターボックスの前に立つ

バントをするときは、フェアゾーンを広く使えるように、なるべくバッターボックスの前方に立ちます。そのときに、バッターボックスから足がはみ出ないように気をつけましょう。

第3章「バッティング」編

131

練習メニュー 101

▶ バント　　基本　　▶難易度：★★★★★

高めのボールをバントする

▶効果：高めのボールを確実にバントする

DVD 3-8

▶目安 10回×3セット

1 ストライクゾーンの外角高めに構え、ボールをしっかりと見る。バットより高いボールは見送る。

2 ヘッドが下がらないように気をつけて、バットの芯より先に当てる。

3 ボールの力に負けないように確実にフェアゾーンに転がす。

練習Point

バットより高いボールは見逃す

バットを外角高めにセットしてバットよりも高めはボールなので見送り、バットより低いボールをバントするようにします。勢いのあるボールが高めに来た場合は、フライを上げてしまわないように、ヘッドを下げずにボールに当て確実に転がすようにしましょう。

練習メニュー 102

▶ バント　　基本　　▶難易度：★★★★★

低めのボールをバントする

▶効果：低めのボールを確実にバントする

DVD 3-8

▶目安 10回×3セット

1 ストライクゾーンの外角高めに構え、ボールをしっかりと見る。

2 バットと目の間隔を変えないようにひざを使って、ボールの高さにバットを合わせバント。

3 ボールの力に負けないように確実にフェアゾーンに転がす。

練習Point

ひざを柔軟に使ってバントする

低めのボールをバントするときの最大のポイントは、ひざの使い方です。ひざを柔軟に使って、バットの位置とボールの高さが合う位置を作ります。ひざを使わずにバットだけで当てようとすると目線がズレ、ヘッドが下がってしまい、フライが上がりやすくなるので注意しましょう。

練習メニュー **103**

▶ | バント |　　基本　　▶難易度：★★★★★

外角のボールをバントする

DVD 3-8

▶効果：外角のボールを確実にバントする

▶目安 10回×3セット

1. ストライクゾーンの外角高めに構え、ボールをしっかりと見る。バットより外角のボールを見逃す。
2. 体重移動でボールの位置にバットを持っていき、バントする。
3. ボールの力に負けないように確実にフェアゾーンに転がす。

練習Point

構えた位置より内角を狙う

アウトコースのボールをバントするときは、最初に構えた位置より内角のボールを狙うようにします。腕だけでボールを当てに行ったり、踏み込んでホームベースを踏まないように気をつけましょう。

練習メニュー **104**

▶ | バント |　　基本　　▶難易度：★★★★★

内角のボールをバントする

DVD 3-8

▶効果：内角のボールを確実にバントする

▶目安 10回×3セット

1. ストライクゾーンの外角高めに構え、ボールをしっかりと見る。
2. 体重移動とバットの操作でボールの位置までバットを持っていき、バントする。
3. ボールの力に負けないように確実にフェアゾーンに転がす。

練習Point

コースは体重移動で対応

インコースのバントは、コースは体重移動とバットの操作で、高低はひざを使って対応します。体をひねったりしないようにしましょう。

第3章 「バッティング」編

練習メニュー **105**

▶ バント　　基本　　▶難易度：★☆☆☆☆

1塁方向へ転がす

▶効果：1塁ランナーを進めるバントを覚える

DVD 3-9

▶目安 **10回×3セット**

1 外角高めに構え、ボールをしっかりと見る。

2 左右の体重移動とひざの上下でバットとボールの高さに合わせ、1塁方向へバントする。

3 打球の勢いがなるべく弱くなるようにバットの先のほうでバントする。

練習Point

1塁を狙うバットの角度

1塁方向へバントをするときは、バットの角度をホームベースの三角部分よりやや内側に構えます。1塁へ転がすバントは、なるべく打球の勢いがないほうがよいので、打球の勢いも抑えるようにしましょう。

練習メニュー **106**

▶ バント　　基本　　▶難易度：★☆☆☆☆

3塁方向へ転がす

▶効果：2塁ランナーを進めるバントを覚える

DVD 3-9

▶目安 **10回×3セット**

1 外角高めに構え、ボールをしっかりと見る。

2 左右の体重移動とひざの上下でバットとボールの高さに合わせ、3塁方向へバントする。

3 3塁手に捕球させるように、バットの芯でバント。強めの打球を転がす。

練習Point

3塁を狙うバットの角度

3塁方向に強めの打球を転がすときは、通常のバントよりも芯に近い場所に当てるようにします。バットの角度は1塁方向のときと逆のホームベースの三角部分よりやや内側に構えます。

| 練習メニュー 107 | ▶バント | 応用 | ▶難易度：★★★★★ |

転がす場所を決めてバントする

▶効果：狙い通りの強さとコースでバントする

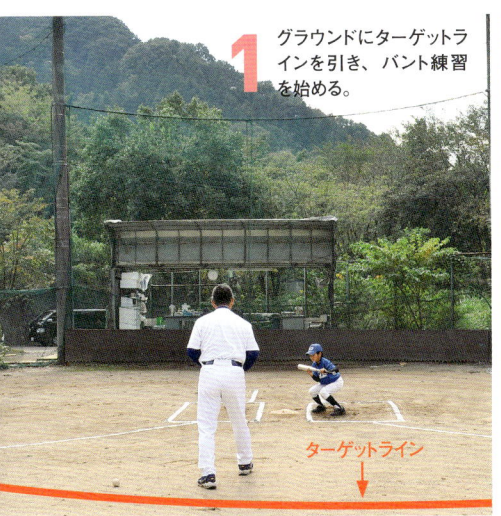

1 グラウンドにターゲットラインを引き、バント練習を始める。

▶目安 10回×3セット

ターゲットライン

2 ラインを引いたところで止まるように、強さとコースを調整してバントする。

| 練習メニュー 108 | ▶バント | 応用 | ▶難易度：★★★★★ |

連続バント

▶効果：バットの正確な位置へ当ててバントする

▶目安 10回×3セット

1 外角高めに構え、指導者にボールを投げてもらう。

2 ボールのコースをよく見て、ひざの高低と体重移動を使ってバントする。

3 間を開けずに、次のボールを投げてもらう。

4 ボールのコースをよく見てひざの高低と体重移動を使ってバントする。

第3章 「バッティング」編

練習メニュー **109**

▶ |バント| 基本 ▶難易度：★★★★★

スクイズバント

▶効果：必ずボールを転がすバント

DVD 3-10

練習Point
正面を向いてバントをする

スクイズでは、ボールを必ず転がすために、どのコースのボールにも対処できるような体勢を作ります。

▶目安 10回×3セット

4 ボールの上を見てボールが必ず転がるように確実なバントをする。

3 ピッチャーと正対するように体の向きを変える。

2 ピッチャーが投げると同時にバント体勢に移る。

1 通常のバッティングフォームで構える。

練習メニュー **110**

▶ |バント| 基本 ▶難易度：★★★★★

ウエストボールをスクイズバント

▶効果：ウエストボールに食らいつく

DVD 3-10

▶目安 10回×3セット

練習Point
何が何でもボールに食らいつく

ランナーをアウトにしないために、バットを投げ出したり、ボールへ飛び込んだりして、ボールに食らいつきましょう。

4 ウエストされたボールに食らいつき、ボールにバットを当てにいく。

3 ピッチャーと正対するように体の向きを変える。

2 ピッチャーが投げると同時にバント体勢に移る。

1 通常のバッティングフォームで構える。

| 練習メニュー 111 | ▶ バント　　応用　　▶難易度：★★★★☆ |

セーフティバント

▶効果：バントヒットを狙う

DVD 3-10

▶目安 10回×3セット

5 低い姿勢を保って1塁まで一気にダッシュする。

4 ボールが転がったら1塁へスタートを切る。

3 1塁線上、3塁線上など際どいラインを狙ってボールを転がす。

2 通常のバッティングと同じか、やや早目のタイミングでバントの体勢をとる。

1 通常のバッティングフォームで構える。

| 練習メニュー 112 | ▶ バント　　応用　　▶難易度：★★★★★ |

バスター

▶効果：野手間を抜く打球を打つ

DVD 3-10

▶目安 10回×3セット

1 バントの構えで投球を待つ。

2 ピッチャーが投げたら、バットを引き、通常の握りへ戻す。

3 トップの状態を作り、ヒッティングへ移る。

4 コンパクトにスイングする。

5 なるべくゴロを打つようにする。

第3章「バッティング」編

137

練習メニュー 113　|その他バッティング練習|　応用　難易度：★☆☆☆☆

ティー台を使ってバスター

▶効果：バスターでボールを当てる練習

▶目安 10回×5セット

1 ティー台を立てバントの構えをとる。

2 バットを引いて引いてテイクバックをとり、トップの状態を作る。

3 左足を力強く踏み込み、ティー台のボールを打つ。

練習メニュー 114　|その他バッティング練習|　応用　難易度：★☆☆☆☆

手と手を離してティーバッティング

▶効果：ヘッドが下がらないスイングの練習

▶目安 10回×5セット

1 両手を離してバットを持ち構える。

2 ティー台のボールをバットの芯で打つ。

3 フォロースルーをとる。このとき両手が伸びて×の形になる。

練習メニュー 115

▶ その他バッティング練習　応用　▶難易度：★☆☆☆☆

ロングティー

▶効果：強い打球を（後方の足で）遠くに飛ばす感覚を養う

▶目安 10回×5セット

1. ティー台にボールを置き、力強くステップを踏む。
2. トップの形を作り、テイクバック。視線はボールに向けたまま。
3. 打球を強く遠く飛ばすことを意識してスイング。
4. 力強く振り抜く。

練習メニュー 116

▶ その他バッティング練習　応用　▶難易度：★★★★★

連続打ち

▶効果：打撃フォームを崩さずに、的確にミートし続ける

▶目安 10回×5セット

1. トップの状態で構え、トスを待つ。
2. トスが上がったら、ヒッティングする。
3. すぐに最初のトップの状態に戻る。
4. すぐにトスが上がるので、それをヒッティング。これを繰り返す。

第3章 「バッティング」編

練習メニュー 117　｜その他バッティング練習｜　応用　難易度：★★★★★

ペッパー

▶効果：巧みなバットコントロールが身につく、ヒッティングポイントを覚える

▶目安 10回×5セット

1 指導者にゆっくりとしたボールを投げてもらう。バッターはグリップから先行してバットを振り下ろし、指導者の正面にボールが行くようにバットをコントロールしてボールを打つ。

2 相手にボールが返る。再びボールを投げてもらい、指導者の正面に打ち返す。

練習メニュー 118　｜その他バッティング練習｜　応用　難易度：★★☆☆☆

ネットの手前に立ってスイング

▶効果：インサイドアウトのスイングをマスターする

▶目安 10回×5セット

1 ネットをななめに置き、バッターボックスに立つ。

2 バットのヘッドがなるべく長くネットについているようにスイングする。

3 ネットにそったスイングをすることで、ヘッドが自然に遅れて出る。

練習メニュー 119

▶ その他バッティング練習　　基本　　▶難易度：★★☆☆☆

トス練習

▶効果：トスバッティングなどで正確なトスを上げるテクニック

1 両足をそろえて立つ。

2 右手を振り下ろすと同時に、右足を前方に踏み出す。

3 右足を踏み込んで体重移動すると同時に、右手を振り上げる。

4 重心を右足に乗せ、スナップを利かせず、自然に回転がかかるようにトスする。

▶目安 10回×5セット

練習Point

バッターの前ひじを狙う

トスを投げるときはバッターの前ひじ（右バッターなら左ひじ、左バッターなら右ひじ）を狙うといいトスがあげられます。腕を振り下ろした速度と、腕を振り上げる速度を、できるだけ同じにするのもポイントです。

指導者Check

トスは指導者にとって大切なスキル

一見簡単そうに見えるトスですが、実はなかなか上手に上げることができない指導者が多いのも事実です。しかし、トスは指導者にとって必要不可欠な技術です。トス1つで大げさと思うかもしれませんが、質のよいトスを受けた子どもたちは想像以上に上達が早いものです。ですので、皆さんもしっかりとしたトス技術を身につけて子どもたちに気持ちよく練習させてあげられるようになってください。

第3章「バッティング」編

練習メニュー 120

▶ 矯正レスキュー　応用　▶難易度：★★★★★

ホースでスイングチェック

▶効果：「ミートポイントがつかめない」クセを直す

1
指導者が反対のバッターボックスから、ミートポイントにホースを垂らす。

2
バッターは、ホースの先端のマーク部分を狙ってスイングする。ミートポイントで音が出るので目標になる。

▶目安 10回×5セット

練習Point

1本の次は2本

ヘッドが通る場所を多くするために次は指導者が両手に1本ずつホースを持ち、バッターがそれを両方打ち抜く練習をします。

練習メニュー 121

▶ 矯正レスキュー　応用　▶難易度：★★★★★

バドミントンのシャトルでバッティング

▶効果：「トップの状態でボールを待てない」クセを直す

▶目安 10回×5セット

指導者にバドミントンのシャトルを投げてもらい、トップの状態を作り、シャトルを引きつけ、正しいフォームで打ち返す。

練習Point

体が開かないスイング

バドミントンのシャトルの軌道は、投手の変化球の軌道になります。小学生の場合はまだ変化球はありませんので、極端に遅いボールに対して体が開かないようにする練習として代用しましょう。

練習メニュー 122

▶ 矯正レスキュー　応用　▶難易度：★☆☆☆☆

長パイプ素振り

▶効果：「インサイドアウトのスイングができない」を直す

▶目安 10回×5セット

1 バットの代わりに長めのパイプを持って構える。

2 バットを振る感覚でパイプでスイング。バットより長いので、ヘッドが遅れて出る感覚を実感できるようになる。

練習メニュー 123

▶ 矯正レスキュー　応用　▶難易度：★☆☆☆☆

竹ぼうき素振り

▶効果：「ヘッドがグリップより下がる」クセを直す

▶目安 10回×5セット

1 バットの代わりに竹ぼうきを持って構える。

2 バットを振る感覚でスイング。ヘッドが遅れて出る感覚をより実感できるようになる。

第3章 「バッティング」編

練習メニュー **124**

| 矯正レスキュー | 応用 | 難易度：★★★★★ |

ロープ素振り

▶効果：「ピッチャー方向につっこむ」クセを直す

長めのロープを腰に巻き、指導者が後ろからロープを引っ張った状態でスイングする。このとき、右足でしっかりと回り、頭は両足の中心にあるように心がける。

▶目安
10回×5セット

👁 指導者Check

引っぱりすぎない

この練習は、スイングしたときに上体がピッチャー方向につっこんでしまうのを矯正するメニューです。指導者は、選手が前のめりにならないように、ロープをピンと張ってあげます。そのときにロープを引っ張りすぎると、選手が動きづらくなってしまうので注意するようにしてください。

練習メニュー **125**

| 矯正レスキュー | 応用 | 難易度：★★★★★ |

チューブ固定素振り

▶効果：「脇が開く」「ヘッドがなかなか出てこない」クセを直す

▶目安
10回×5セット

1 チューブで両脇を固定する。

2 両脇を固定した状態でスイングする。自然と脇がしまった状態でスイングすることになり、脇をしめたスイングの感覚が身につく。

| 練習メニュー 126 | ▶矯正レスキュー | 応用 | ▶難易度：★☆☆☆☆ |

右手固定素振り

▶効果：「ヘッドが下がる」クセ、「グリップがゆるむ」クセを直す

▶目安
**10回×
5セット**

2
右手で押し込むスイングをすると手首が正しく固定されているので、ヘッドが下がりにくく、正しい軌道のスイングが身につく。ボールに負けず、強く打つ感覚を養うことができる。

1
右手に「MORI GRIP!」を装着し、右手をバットに固定する。

MORI GRIP!【うでふみ打】
㈱YBC野球塾

| 練習メニュー 127 | ▶矯正レスキュー | 応用 | ▶難易度：★★★★☆ |

プロテクター素振り

▶効果：「トップからの理想的なスイングができない」クセを直す

▶目安
**10回×
5セット**

2
プロテクターを装着した状態でスイングする。プロテクター効果で、自然とトップの正しい形、「（前の腕が伸びる）後ろ小さく前大きく」の理想的なスイングが身につく。

1
左ひじにプロテクターを装着する。

第3章 「バッティング」編

練習メニュー 128

▶ 矯正レスキュー　応用　▶難易度：★★★★

コの字素振り

▶効果：「狙いが定まらない」クセを直す

1 コの字に切り抜いた段ボールをポップスタンドにぶら下げて置く。

2 段ボールの空洞部分を狙ってスイングする。しっかりとヘッドが空洞部分を通れば成功。

▶目安 10回×5セット

練習メニュー 129

▶ 矯正レスキュー　応用　▶難易度：★★★★

コの字ティー台バッティング

▶効果：「狙ったボールをジャストミートできない」クセを直す

1 コの字に切り抜いた段ボールをポップスタンドにぶら下げ、その前にボールを乗せたティー台を置く。

2 段ボールの空洞部分を通過させて、ティー台のボールをレベルスイングする。ヘッドが空洞部分を通って、ボールにジャストミートすれば成功。

▶目安 10回×5セット

Training MENU of Junior Baseball **210**

| 第 **4** 章 |

攻撃が うまくなる 練習メニュー

走塁
Base-running ——— 編

19
Menu

Training MENU of Junior Baseball 210 Chapter.4 INTRODUCTION

走塁の練習メニューについて

状況を把握して、常に全力で走る

本章では、ベースランニングに始まり、リードの方法や、スライディング、盗塁といった野球における基本的な走塁テクニックが身につく練習メニューを紹介していきます。走る行為はスポーツの基本であり、最も大切なことの1つですが、それは野球にも当然当てはまります。また、走塁は走るだけではなく、とても奥の深いものです。手を抜かず、しっかりとした意識を持って練習に臨むようにしましょう。

▶走塁の練習メニュー

▶ベースランニング

バッターボックスから1塁へ走る方法や、ベースの踏み方、1、2、3塁ベースの回り方など、ベースランニングの練習メニューを、状況別に紹介します。ベースランニングは、コースどりで大きく差が出るので、効率的な走塁ができるように練習しましょう。

▶スライディング

足からベースに滑り込むスライディング、頭からベースに滑り込むヘッドスライディングをマスターする練習メニューを紹介します。スライディングは正しい形で行わなければ、ケガをしてしまうことがありますので、正しいテクニックをマスターしましょう。

▶リード

シャッフルリードとクロスステップリードという2つのリード方法をはじめ、各塁のランナーのリードコースを覚える練習メニューを紹介しています。ランナーのリードは、塁やアウトカウントによって異なります。少しでも早く次の塁に進めるリードをマスターしましょう。

▶盗塁

盗塁の技術が身につく練習メニューを紹介します。次の塁へ抜群のスタートを切る方法、牽制球が来たときの対応の仕方も紹介しています。盗塁が成功すれば、チームのチャンスは一気に高まりますので、これをマスターして積極的に試合で実践しましょう。

第4章 「走塁」編

練習メニュー 130

▶ ベースランニング　基本　▶難易度：★☆☆☆☆

バットを振ってから1塁に走る

▶効果：ボールを打った後のベースランニングを身につける

▶目安 10回

1 バッターボックスで構えてスイングする。

2 すぐに一塁へダッシュする。

👁 指導者Check

バットを投げない

バットを振った後はバットを投げ飛ばさないように、またライン上の少し外側（左足はライン上）を走るように指導しましょう。

練習メニュー 131

▶ ベースランニング　▶難易度：★★☆☆☆

手前側のベースを踏む

▶効果：効率的なベースの踏み方をマスターする

● 駆け抜ける場合

▶目安 10回

ベースの右手前の角よりやや内側を左足土踏まずで踏む。そしてスピードを落として打球を確認する。

● 進塁を狙う場合

▶目安 10回

ベースの左手前の角を左足土踏まずで踏む。そして状況に応じたオーバーランをとる。

練習メニュー **132**

▶ベースランニング　　基本　　▶難易度：★★★★★

右中間ヒットの1塁ベースランニング

DVD 4-1

▶効果：右中間シングルヒット時の走塁テクニック

4 あまりオーバーランはとらず、打球の行方を確認する。右肩が2塁ベースに向いた状態で、シャッフルリードでボールを見る。

3 ベースの左手前の角を左足で踏む。

2 3フットラインの始まりあたりからふくらみ出す。このあたりでボールの行方を確認する。

1 バッターボックス付近ではラインのやや外側を走る。

▶目安 **10回**

第4章「走塁」編

左中間ヒットのランニングコース

練習Point

打球の行方を確認する

3フットラインの始まりの位置で打球の行方を確認して、進塁できるか、できないかを判断します。

151

練習メニュー **133**

▶ ベースランニング　　基本　　▶難易度：★★★★★

センター前ヒットの1塁ベースランニング

DVD 4-1

▶効果：センター前シングルヒット時の走塁テクニック

▶目安 **10回**

センター前ヒットのランニングコース

打球を見ながら1塁を回る。スピードは落とさず、右中間ヒットのときより少し多めにオーバーランする。センターから左方向の場合は右肩が前、右方向なら左肩を前にシャッフルリードで打球を見る。写真は左方向の場合。

練習メニュー **134**

▶ ベースランニング　　基本　　▶難易度：★★★★★

レフト前ヒットの1塁ベースランニング

DVD 4-1

▶効果：レフト前シングルヒット時の走塁テクニック

▶目安 **10回**

レフト前ヒットのランニングコース

打球を見ながら1塁を回る。スピードは落とさず、野手の少しのミスでも2塁へ行けるように1、2塁間の中間少し手前くらいまでシャッフルリードでたっぷりオーバーランする。

練習メニュー **135**

| ベースランニング | 基本 | 難易度：★★★★★ |

左中間ヒットの2塁ベースランニング

▶効果：左中間へ2塁打を打ったときのランニングテクニック

DVD 4-2

▶目安 **10回**

5 足を止め進塁か、帰塁かを見極める。

3 ベース内側の角を左足で踏む。

4 打球を確認しながらシャッフルリードでオーバーラン。

2 ベース少し手前で角度をつける。

1 1、2塁の中間くらいで、打球を確認する。

第4章 「走塁」編

練習Point
ランナーが自ら打球を確認する

センターより左方向に打球が飛んだ場合は、ランナーが、2塁に到達する前と、2塁をオーバーランしたときに、自ら打球を確認して、進塁するか、帰塁するかを判断します。

左中間ヒットで2塁進塁時のランニングコース

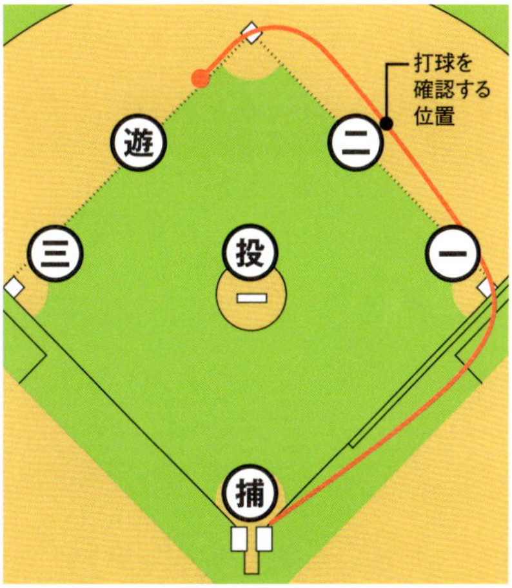

打球を確認する位置

遊 二 三 投 一 捕

153

練習メニュー 136

|ベースランニング| 基本 難易度：★★★★★

右中間ヒットの2塁ベースランニング

▶効果：右中間へ2塁打を打ったときなどのランニングテクニック

DVD 4-2

▶目安 **10回**

4 コーチャーの指示にしたがって動く。

3 左足で2塁ベースを踏む。

2 ベースの位置を確認する。

1 自分で打球を確認できる場合は、自分で確認する。できない場合は、3塁へ向かう途中で、3塁コーチャーを確認する。

練習Point

3塁コーチャーの指示で状況を確認する

自分の背中方向に打球が飛んだ場合、ランナーは背後にボールがあるため自分で打球を確認できません。そこで1、2塁の中間を過ぎたあたりに3塁コーチャーを確認。進塁するか、帰塁するかを判断します。

右中間ヒットで2塁進塁時のランニングコース

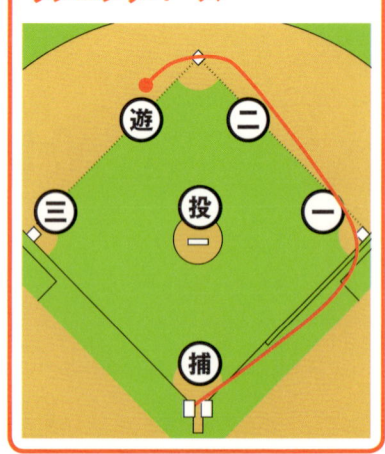

練習メニュー **137**

▶ ベースランニング　　基本　　▶難易度：★★★★★

3塁のベースランニング

DVD 4-2

▶効果：2塁ランナーとして3塁へ進塁するときなどのランニングテクニック

1. 3塁到達前に、3塁コーチャーを確認する。
2. ベースの位置を確認する。
3. ベースを踏む。3塁の場合は左足でなくてもよい。
4. オーバーラン。コーチャーの指示にしたがって動く。

▶目安 **10回**

第4章 「走塁」編

練習Point

ストップの場合は素早く戻る

ストップ

3塁コーチャーからストップの指示が出た場合は、素早くベースに戻ります。すぐに戻らなければアウトになってしまうので気をつけましょう。

3塁進塁時のランニングコース

155

練習メニュー **138**

▶ ベースランニング　　基本　　▶難易度：★★★☆☆

スライディング練習

DVD 4-3

▶効果：あらゆる状況で使用できるスライディング

1 ベースの少し手前から滑り込む。

2 前足をしっかりと伸ばし、もう一方の足は折り曲げる。勢いが強いときには両手を地面につけないようにする。

×NG× 手で勢いを抑える

勢いがあるときにパーの状態で地面に手をつくと、ケガをしてしまうことがあります。ケガ防止のためには左手に手ぶくろを持つとよいでしょう。

練習Point
ベースを利用して止まる
スライディングの勢いはベースで抑えます。ベース近くで滑らないように注意しましょう。

この形で止まる

きちんとベースに届く距離で止まる。左手は滑り込みが終わってからなら地面につけてもよい。

練習メニュー 139

▶ ベースランニング　基本　▶難易度：★★★☆☆

ヘッドスライディング練習

DVD 4-3

▶効果：手から帰塁するときのスライディング

1 ベースの少し手前から低い姿勢で、頭から飛びこむ。

2 胸と腹で一直線に滑る。

練習Point

タッチは右手で

ベースタッチは右手で行います。右手で行うことで、野手のタッチから体を逃がすことができるようになります。ケガをするので指先でベースをタッチしないことが大切です。

この形で止まる

▶目安 **10回**

第4章　「走塁」編

腕をまっすぐ前に伸ばして手の平でベースにタッチする。左手指先は外野方向に向けるようにする。

×NG× 腕がベースに向く

滑り込む際に、左手がベース方向に向かないようにします。また腕を曲げたり、立てたりしてもいけません。

練習メニュー **140**

▶ リードの基本と状況別走塁 　基本　難易度：★★★★★

シャッフルリードを覚える

▶効果：素早くリードがとれるリードテクニック

DVD 4-4

▶目安 **10回**

5 これをリードの限界点まで繰り返す。

4 右足を1歩真横に進める。

3 左足を右足に引きつける。

2 右足を1歩真横に進める。

1 左足を右足に引きつける。

練習Point

素早く限界点までリードする

リードをとるときは、常に動きだせるような低い姿勢を保ち、バランスをとりながらリズミカルに左右の足を動かすことを心がけます。また、リードは投手がセットに入るまでに終わるようにします。ステップ中に牽制球を投げられないように、素早くリードの限界点まで進むようにしましょう。

×NG× 投手から目線を外す

ランナーはリードをとるときに、目線を上下させたり、飛び跳ねたり、ピッチャーから目線をはずしてはいけません。サインプレーなどでサインを確認するときなどは、必ずベースについて確認するようにしましょう。

練習Point

第2リードにも使える

シャッフルリードは、主に1塁ランナーが使うリード方法ですが、足を交差させないで進むことができるリードテクニックなので、投球後のリードである第2リード（⦿P160）やオーバーラン時にも使えます。

練習メニュー **141**

▶ リードの基本と状況別走塁　基本　▶難易度：★★★★★

クロスステップリードを覚える

DVD 4-4

▶効果：素早く帰塁できるリードテクニック

▶目安 **10回**

第4章「走塁」編

5 これを限界まで繰り返す。

4 再び左足を右足の後ろにクロスさせる。

3 再び右足を1歩踏み出す。

2 左足を右足の後ろにクロスさせる。

1 右足を1歩踏み出し、リードをとり始める。

練習Point
クロスステップは帰塁向き

クロスステップの利点は、帰塁がしやすいということです。シャッフルリードでは、左足を進めたときに牽制球を投げられると、瞬時の対応が難しいですが、クロスステップは腰を回転させるだけで帰塁の体勢に移れます。

練習Point
重心の位置も大切

限界までリードをとったときに、重心を体の中心に置いていれば、進塁へも、帰塁へも対応することができます。

×NG×　左足を前にクロスさせる

左足を前にクロスさせると足がもつれやすく、牽制球への対応も遅くなります。

練習メニュー 142

▶ リードの基本と状況別走塁　　基本　　▶難易度：★★★★★

1塁ランナーのリード練習

▶効果：1塁ランナーの効率的なリードの動きを覚える

DVD 4-5

▶目安 **10回**

第2リード　　第1リード

5 右足の着地とバットにボールが当たるタイミングを合わせる。

4 投球モーション開始後、第2リードをとる。

3 第1リードを止め、ピッチャーの動きを確認する。

2 ピッチャーの動きを見ながら第1リードをとる。

1 第1リードを始める。

練習Point

第1リードと第2リード
ピッチャーが投球に入るまでのリードを第1リードと呼ぶのに対し、ピッチャーが投球をしてからのリードを第2リードと呼びます。第2リードは、シャッフルリードで少しでも次の塁へ近づくために行います。

指導者Check

セーフティリードの目安
ベースから見て身長＋リーチの位置に左足をそろえた位置から左足を半歩進めた位置がベストなリードの距離です。一度実際に寝転がってみて、リードの目安を確かめてみましょう。

もう半歩リード　半歩

1塁ランナーのリードライン

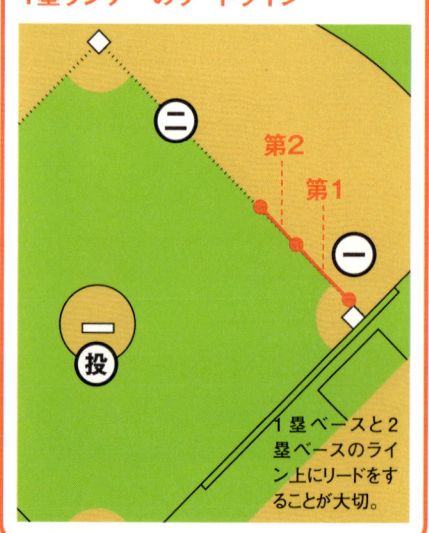

第2　第1

投

1塁ベースと2塁ベースのライン上にリードをすることが大切。

練習メニュー **143**

▶リードの基本と状況別走塁　　基本　▶難易度：★★★★★

2塁ランナーのリード練習（0アウト、1アウトの場合）

DVD 4-5

▶効果：0アウト、1アウトの場合の2塁ランナーの効率的な動きを覚える

▶目安 **10回**

第2リード　　第1リード

5 右足の着地とバットにボールが当たるタイミングを合わせる。

4 投球モーション開始後、第2リードをとる。

3 第1リードを止め、ピッチャーの動きを確認する。

2 ピッチャーの動きを見ながらややななめ後ろ方向へ第1リードをとる。

1 第1リードを始める。

練習Point

0アウト、1アウト時のリード位置

2塁ランナーは、本塁へ進むのに一番効率的なラインどりをする必要があります。0アウト、1アウトのときは、2・3塁間を直線で結んだラインよりややふくらんで後ろにリードをとります。リードの距離は、1塁ランナーのときより多めにとります。

×NG× 第1リードが終わらない

ピッチャーがセットに入ったときに、第1リードが終わっているようにします。

0アウト、1アウト時の2塁ランナーのリードライン

0アウトの場合はライン上、1アウトの場合は少しふくらんでリードする。

第4章　「走塁」編

練習メニュー **144**

リードの基本と状況別走塁　基本　難易度：★★★★★

2塁ランナーのリード練習（2アウトの場合）

▶効果：2アウト時の効率的な2塁ランナーのリードを覚える

DVD 4-5

第2リード　第1リード

▶目安 **10回**

5 左足が着地するタイミングでボールを見る。

4 投球モーション開始後、2次リードをとる。

3 1次リードを止め、ピッチャーの動きを確認する。

2 ピッチャーの動きを見ながら1〜1.5メートルくらい後ろへふくらんでリードする。

1 1次リードをとり始める。

練習Point
2アウト時のリード位置
2アウトの場合は、ワンヒットで一気にホームまで行けるようなリードをとる必要があります。理想は2塁、3塁を直線で結んだラインより1〜1.5メートルぐらい下がった位置（遊撃手が守っている位置の少し前）を目安にリードをとります。

2アウト時のリードライン
遊　第1　第2　二
一　オーバーランのコースを作るようにリードをとる。

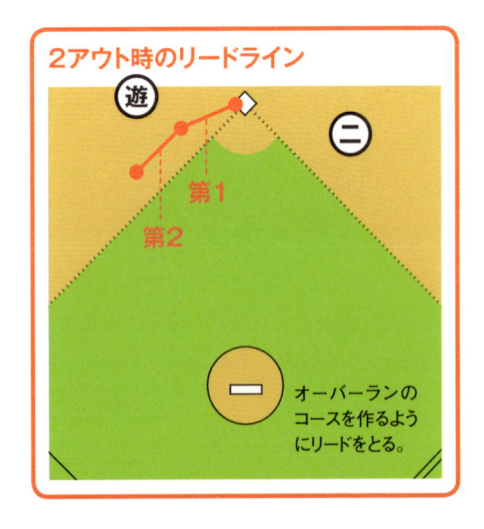

×NG× リードが2・3塁間上
2・3塁間上にリードをとると、3塁ベースを回るときに、大きくふくらまざるを得なくなり、タイムロスが発生してしまいます。2アウトなので、ランナーがアウトになると攻撃は終わってしまいます。攻撃の芽をつまないような走塁を心がけましょう。

練習メニュー **145**

▶ リードの基本と状況別走塁　　基本　　▶難易度：★★★★★

3塁ランナーのリード練習

▶効果：3塁ランナーの効率的なリードを覚える

DVD 4-5

3 第1リードを止め、ピッチャーの動きを確認する。そして第2リードへ。

2 ピッチャーの動きを見ながらやや後ろへ第1リードを広げる。

1 ファールゾーンに向かって第1リードを始める。

▶目安 **10回**

第4章 「走塁」編

練習Point

3塁ランナーのリード位置

3塁ランナーはサードがベースに入っているときは、あまり大きなリードをとらず、第2リードで距離を稼ぐようにします。リードもファールゾーンにとるようにします。また、3塁手がベースから離れたぶんだけ、リードを広げるようにしましょう。

×NG× フェアゾーンでリード

3塁ランナーは他の塁のランナーと違って、必ずファールゾーンにリードをとるようにします。これは、フェアゾーンにリードをとったランナーに、打球が当たってしまうと、アウトになってしまうからです。

3塁ランナーのリードライン

最低でもフェアラインから60センチ以上離れてリード。バックするときは、ライン上を戻る。

163

練習メニュー 146

盗塁練習

▶リードの基本と状況別走塁　基本　難易度：★★★☆☆

▶効果：限界までリードして、最高のスタートを切る

▶目安 10回×5セット

5 2塁へダッシュ。途中でボールの行方を確認する。

4 低い体勢のまま2歩目、3歩目を進める。

3 クロスオーバーステップで1歩目（右足の前に左足）を出す。

2 ピッチャーの動きに合わせてスタート。

1 低い体勢でピッチャーを見る。

練習Point
ピッチャーのクセを見抜く
盗塁時に最も警戒しなければいけないのは、牽制球です。牽制球が上手なピッチャーだと、逆を突かれてしまうことも多いです。そうならないためには、相手のクセ（ひざが動く、体重がどちらかにかかるなど）を見抜けるようになりましょう。

練習Point
リードは1塁と2塁を結んだライン上に
同じ位置でリードをとってもライン上より後ろにリードをとると、リードを大きくとらないといけなくなり、牽制でアウトになりやすくなります。

ピッチャー側から見ると、後ろのランナーのほうがリードが大きいことがわかる。

練習メニュー 147

|リードの基本と状況別走塁| 応用 ▶難易度：★★★☆☆

ピッチャーとの盗塁対決

▶効果：より実践的な走塁練習

練習Point
すべての塁で練習
この練習は、守備陣を交えて行う、より実践的な走塁練習です。右投手、左投手と対戦すれば、さらに密度の濃い練習になります。1塁の次は、2塁、3塁と行ってみましょう。また、ランナーはどんなときも投手から目を離さないようにします。

▶目安 10回

2 限界点までリードをとる。

3 ピッチャーの動きに合わせて、ゴーとバックを決める。

1 ピッチャーの動きをしっかりと見てリードをとる。

第4章 「走塁」編

ゴー
4 盗塁開始。2塁へは足からのスライディングで滑り込む。

バック
4 ケガの防止のためになるべく足から戻るようにする。

練習メニュー 148

▶ リードの基本と状況別走塁　応用　▶難易度：★★★★★

タッチを避けながらバックする

▶効果：タッチを避ける帰塁テクニックを覚える

DVD 4-5

1 1塁方向へバック。

4 右足をベースへ伸ばす。

2 体勢は低い状態をキープして、体を少し回す。

3 ベースに足が届く距離になったら、胸をライト方向へ向ける。

5 右足をベースの左手前につけるようにする。体は右足を軸に反時計回りに回転させる。

×NG× 体ごとバックする

タッチを避けるためには、あくまで足だけをベースに近づけるように帰塁する必要があります。体ごと戻ったり、野手がタッチを構えている正面に戻ってしまうと、簡単にタッチアウトになってしまいます。

練習Point

タッチまで時間のかかる場所を狙う

タッチを避ける帰塁を成功させるコツは、ランナーにとっては最も近く、野手にとっては最もタッチまで時間がかかる場所へ足を伸ばして帰塁することです。1塁ベースでいえば、内側で外野寄りの角が、それに当たります。

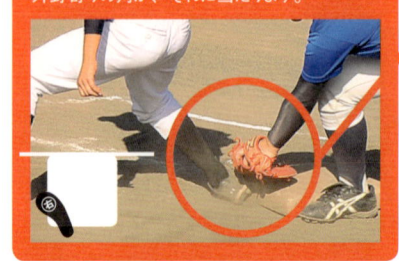

Training MENU of Junior Baseball **210**

第 5 章

Menu **34**

ピッチングが
うまくなる
練習メニュー

Training MENU of Junior Baseball 210 Chapter.5 **INTRODUCTION**

投球フォームを作る練習メニューについて

勢いのあるボールは正しいフォームから生まれる

　本章では、ピッチャーの練習メニューを紹介していきます。最初は「正しいフォームで投げる」「狙ったところへボールを投げる」ということに重きを置いた「ピッチングフォーム」編です。

　ピッチャーは、「勝ち負けはピッチャーの出来で決まる」と言っても過言でないほど、重要なポジションです。強く速いボールを投げるためには、どんな練習をすればいいのか、本項で学んでください。

▶投球フォームを作る練習メニュー

▶基本的な動きを覚える

正しいボールの握り方、ワインドアップモーション、ノーワインドアップモーションなど、ピッチャーの基本的な動きを覚えるための練習メニューを紹介しています。まずは、ピッチングにおける一連の基本的な動作やフォームを覚えて、本項の次節以降のパート別の練習に移るようにしましょう。

▶マウンドで正しく立つ

ピッチングフォームを作るときの最初のステップである「マウンド上でまっすぐ立つ」練習を紹介しています。体中のパワーをボールに伝えるためには、この練習が重要。マウンドでまっすぐ立つだけなら簡単と思いがちでしょうが、プロでもなかなかできない思っている以上に難しい練習でもあります。

▶ピッチングフォーム作り

ステップ、テイクバック、リリースの3つの行程に分けて、正しいフォームを習得するための練習メニューを紹介しています。いずれも軸がぶれずに体を平行に保つためのコツなどを解説しているので、「コントロールがつかない」「ピッチングフォームが固まらない」という場合にも活用してください。

▶さまざまな投球練習

「クイックモーションで投げる」「バッターを立たせて投げる」「ワンステップで投げる」「キャッチャーの要求したところに投げる」など正しい投球フォームをマスターした後に、それを体にしみこませるための、ワンステップ上の練習メニューを紹介しいています。これを繰り返せば投球技術は各段に高まります。

第5章　「投球フォーム」編

練習メニュー 149

▶ 投球フォーム作り　　基本　▶難易度：★★★★★

正しくボールを握る（投手編）

▶効果：伸びのある鋭いタテ回転のかかったボールを投げる

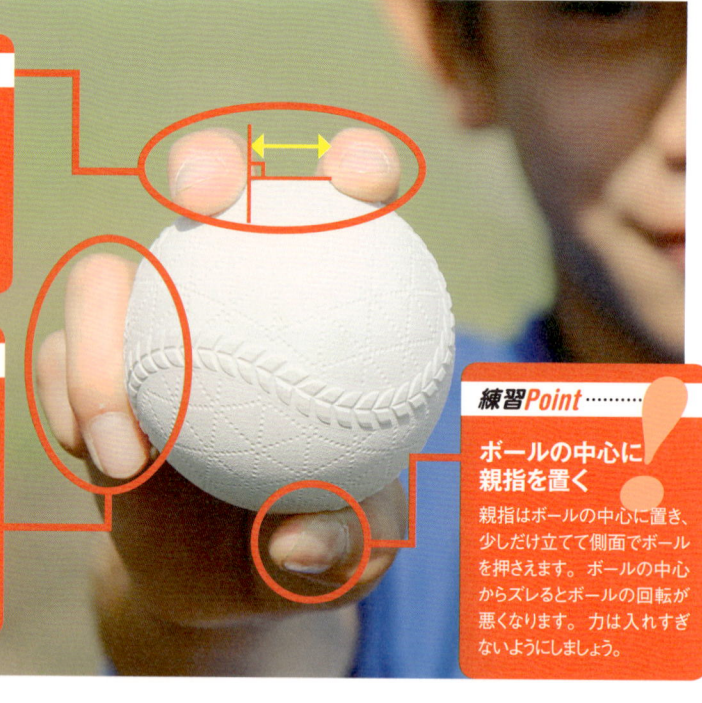

DVD 5-1

練習Point
両指の間は指が1本入るぐらい

中指と人差し指はボールのぬい目に直角にかけます。両指の間は指が1本入るぐらいの間隔を開けます。

練習Point
薬指と小指は折り曲げて抑える

薬指と小指はボールの側面にそろえて折り曲げるようにします。この2本の指もボールを支える指なので、しっかりとボールを抑えるように握ります。

練習Point
ボールの中心に親指を置く

親指はボールの中心に置き、少しだけ立てて側面でボールを押さえます。ボールの中心からズレるとボールの回転が悪くなります。力は入れすぎないようにしましょう。

●別角度　　●別角度 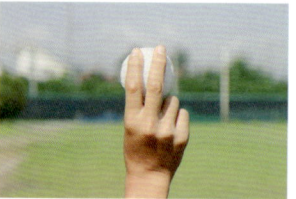　　●別角度

練習Point
キレのよいボールは正しい握りから生まれる

ピッチャーのボールの握り方は、野手の握り方とあまり変わりません。ただしピッチャーは、バッターに打たれないボールを投げる必要があるので、よりキレのあるボールを投げなければいけません。キレのあるボールを投げるためには、正しい握りと正しい投げ方が必要です。初めのうちは何度も確認しながら正しい握りをマスターしましょう。

×NG× 親指をボールにべったりつける

親指の腹でボールを握ろうとすると、余計な力が入ってしまい、キレのよいボールを投げれなくなってしまいます。

練習メニュー **150**

▶ 投球フォーム作り　　基本　▶難易度：★★★★★

マウンドでまっすぐ立つ

▶効果：軸が安定したフォームが身につく

DVD 5-1

指導者Check

最初は指導者が固定する

選手はまっすぐ立っているつもりでも、体が傾いていたり、軸足が曲がっていたりすることがよくあります。指導者はまず選手をマウンドに片足で立たせて、直接体に触れて体や足元を固定してあげながら、まっすぐ立つ感覚を覚えさせてあげましょう。

ピッチャープレートの位置で、左足を持ちあげるようにして引き上げ、バランスを崩さないように軸足1本で立つ。右足はピッチャープレートにかけない。これを10秒間続ける。頭の位置が傾かないように、体の中心にグローブが来るように注意する。

▶目安
10秒×5回

練習Point

腰の上に重心が乗る

左つま先は曲がっていても、まっすぐに垂れていても構いませんが、左ももはまっすぐ上に上げるようにします。腰の上に重心がしっかりと乗っているような感覚がしたら、まっすぐ立てているということになります。

練習Point

ピッチャープレートに足を半分かけて立つ

慣れてきたらスパイクの半分をプレートにかけてまっすぐ立つ練習に変えてみましょう。難易度は上がりますが、これでバランスをとれれば、軸足がブレない正しいフォームが身につきます。足はプレートのどこにかけても構いません。

第5章　「投球フォーム」編

| 練習メニュー 151 | ▶ 投球フォーム作り | 基本 | ▶ 難易度：★☆☆☆☆ |

ワインドアップモーションで投球する

▶ 効果：勢いがつくフォームの習得

DVD 5-1

練習Point

力まずに振りかぶる

振りかぶるときは、ひじや腕、ひざなどをやわらかくします。このとき、握りがバッターに見えないようにするのがポイントです。

1
胸を張り、両腕を頭上に上げ、大きく振りかぶる。左足を1歩後ろに引き、右足はピッチャープレートから少しずつずらす。

2
右足を真横にずらしていき、ステップ開始。同時に左足を上げ始める。

3
右足にしっかりと体重を乗せ、右足と右ひざ、頭が一直線になるように左足を上げる。ボールとグローブは、体の中心にくるようにする。

練習Point

くるぶしがホームベースの中央にくるようにする

ピッチャープレートにかける右足は、くるぶしがホームベースの中央を通るラインと一直線上になるように置きます。踏み出す左足はそのラインから左右に足ひとつ分ずれるくらいまでを目安にするとコントロールがつけやすくなります。

5

左足を強く踏み込み、つま先を踏み出した足は投げる方向へ向ける。

4

体重を前方へ移動させながらテイクバック。同時に左肩が開かないように左足をステップする。

6

右腕をしっかりと振ってリリースする。

▶目安
10回

第 5 章 「投球フォーム」編

| 練習メニュー 152 | ▶投球フォーム作り | 基本 | ▶難易度：★★★★★ |

ノーワインドアップモーションで投球する

▶効果：コントロールを重視したフォームの習得

DVD 5-1

練習Point

ポイントはワインドアップモーションと同じ

ノーワインドアップモーションのときに注意するポイントは、ワインドアップモーションと同じです。

1 両腕を胸の位置で構える。左足を1歩後ろに引き、右足はピッチャープレートから少しずつずらす。

2 右足を真横にずらしていき、ステップ開始。同時に足を上げ始める。

3 右足にしっかりと体重を乗せ、右足と右ひざ、頭が一直線になるように左足を上げる。ボールとグローブは体の中心にくるようにする。

5 左足を強く踏み込み、つま先を投げる方向へ向ける。

4 体重を前方へ移動させながらテイクバック。同時に左肩が開かないように左足をステップする。

▶目安
10回

6 右腕をしっかりと振ってリリースする。

第5章 「投球フォーム」編

練習メニュー 153

▶ 投球フォーム作り　　基本　▶難易度：★★★★★

ステップ練習

▶効果：コントロールとキレのあるボールを投げるためのステップ

DVD 5-2

1 右足にしっかりと体重を乗せ、右足と右ひざ、頭が一直線になるように左足を上げる。

2 前方へ体重を移動させる。体の軸はずれない。右ひざが内側に倒れすぎないように注意。

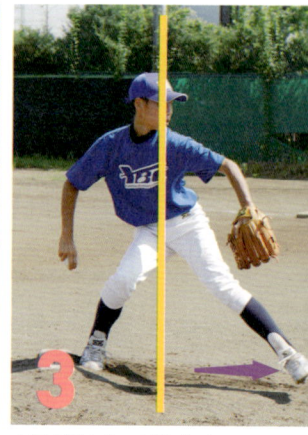

3 左肩が開かないように気をつけながら左足をステップ。

練習Point

自然なステップ
自分が投げやすい足幅が一番理想的といえます。無理に広くとろうとしないようにしましょう。

×NG× 歩幅が広すぎる

バランスが崩れてしまったり、投げにくくなってしまうほど、ステップの幅が広いと、力のあるボールが投げれなくなります。

▶目安 **10回**

4 投げる相手に向かって左足をまっすぐ踏み込む。

5 左ひざが外に開かないように踏み込む。

練習メニュー 154

▶ 投球フォーム作り　　基本　　▶難易度：★★★★★

テイクバック練習

DVD 5-2

▶効果：コントロールとキレのあるボールを投げるためのテイクバック

1 右足にしっかりと体重を乗せ、右足と右ひざ、頭が一直線になるように左足を上げる。

👁 指導者Check

第三者チェックが有効

テイクバックのフォームは、第三者からのチェックが有効です。その際は主に肩や腕、頭、足の位置などに注意します。

2 体重移動と同様にグローブから右手を取り出し、体の後ろへ移動させる。

×NG×　体をぶれさせない

テイクバックの動作で、体がぶれてしまう人がいますが、これは当然間違った動作です。体のバランスが崩れ、狙ったところにボールがいかなくなります。

▶目安 **10回**

3 大きくテイクバックをとる。ステップと同時にグローブを持った手はキャッチャー方向に向ける。

練習Point

肩のラインを水平に保つ

両肩のラインは水平もしくはやや上向きに保ち、ホームプレートに対して90度の角度にします。

第5章 「投球フォーム」編

177

練習メニュー **155**

▶ 投球フォーム作り　　基本　　▶難易度：★★★★★

リリースポイントを覚える

▶効果：コントロールとキレのあるボールを投げるためのリリース

DVD 5-2

1 右足にしっかりと体重を乗せ、右足と右ひざ、頭が一直線になるように左足を上げる。

2 グローブからボール握った右手を取り出し、体の後ろへ振り上げる。

3 大きくテイクバックをとる。グローブを持った手はキャッチャー方向に向ける。

4 両肩がキャッチャーに向いたらボールをリリース。

×NG× ひじや手首が伸びきる
テイクバックからリリースに移るまでの右腕を振る動作のときに、ひじや手首が伸びきってはいけません。

練習Point
右足は自然に
右足はピッチャープレートを蹴ったりしないようにします。また、このとき、頭がひざの位置より前にいかないように注意しましょう。

▶目安 **10回**

5 左足に体重を乗せて、腕を強く振り切る。

練習メニュー **156**

▶ 投球フォーム作り　　基本　　▶ 難易度：★★★☆☆

クイックモーションで投球する

▶ 効果：ランナーを走らせないピッチングフォーム

1 セットポジションの姿勢から投球動作を始める。あまり左足は高く上げない。

2 体の軸を保ちつつ、小さく素早いモーションで左足を前方へ送る。

3 グローブからボール握った右手を取り出し、体の後ろへ振り上げる。

4 大きくテイクバックをとる。グローブを持った手はキャッチャー方向に向ける。

5 両肩がキャッチャーに向いたらボールをリリース。右腕を力強く振り抜く。

練習Point

バランスを崩さず速く動く

上体のバランスを崩さず、動きを最小限に収め、左足をいかに速い動作で踏み出すかがポイント。繰り返し練習することでスピードが上がります。また、グローブと左足を同時にホーム方向に出すと、コントロールがつけやすくなります。

▶ 目安 **10回**

第5章 「投球フォーム」編

練習メニュー **157**

▶ 投球フォーム作り　基本　▶難易度：★★★★★

ワンステップで投球する

▶効果：効率的な体重移動とステップの感覚を養う

▶目安 **10回**

DVD 5-3

1. 左足を1歩前へ踏み出す。
2. 右足を左足の前に踏み出し、それを軸足に投球動作に入る。
3. 右足にしっかりと体重を乗せ、右足と右ひざ、頭が一直線になるように左足を上げる。
4. 左足で踏み込み、大きくテイクバックをとる。グローブを持った手はキャッチャー方向に向ける。
5. 両肩がキャッチャーに向いたらボールをリリース。右腕を力強く振り抜く。

練習メニュー **158**

▶ 投球フォーム作り　基本　▶難易度：★★★★★

キャッチャーの要求したコースを狙う

▶効果：コントロールの向上

▶目安 **30球**

DVD 5-3

1. キャッチャーを座らせ、適当なコースに構えてもらう。
2. 要求されたコースを狙って投球する。

練習Point

練習結果から次の練習を決める

この練習が終わった後は、指導者やキャッチャーを交えて、投球の結果からピッチングフォームのどこに問題があるのかをあぶり出します。その後、問題があった場所を強化するメニューを重点的に練習します。

練習メニュー 159

▶ 投球フォーム作り　基本　▶難易度：★★★★★

バッターを立たせて投球する

▶効果：実戦的なシチュエーションでの投球練習

DVD 5-3

練習Point

リラックスして投げる

バッターがいるとはいえ、そのバッターはバットを振るわけではなく、立っているだけです。そのような考えを持てば、リラックスして投球できるはずです。

▶目安 **30球**

第5章「投球フォーム」編

1 バッターボックスにバッターを立たせ、投球開始。

2 キャッチャーの要求したところを狙う。

3 右腕を力強く振り抜く。

👁 指導者Check

いろいろなバッターを立たせる

右バッターや左バッター、体の大きなバッター、小さなバッターなど、さまざまなバッターを立たせると、より実戦的な感覚で練習ができるので、ピッチャーにとっては有意義な練習になります。この練習でストライクを連発できるようになれば、試合でも自信を持って投げることができるようになります。

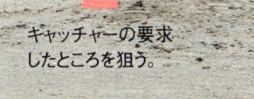

181

| Training MENU of Junior Baseball 210 Chapter.5 INTRODUCTION |

牽制球の練習メニューについて

ランナーの逆をつく牽制球を覚える

　ピッチャーの練習メニュー「牽制球」編です。本節では塁別に、プレートをはずす牽制球と、はずさない牽制球をはじめ、さまざまな種類の牽制球を紹介していきます。
　牽制球が上手になれば、バッターと勝負をする以外にもアウトカウントをとる手段が増えます。また、ランナーをアウトにできなくとも、ランナーは牽制球を警戒して、積極的なリードをとれなくなるので、ピッチャーにとっては巨力な武器になります。

▶牽制球の練習メニュー

▶1塁への牽制球

プレートをはずさない牽制球と、プレートをはずす牽制球をマスターするための練習メニューを紹介しています。プレートをはずさない牽制球では、軸足のかかとだけをプレートからはずしてつま先で回転するという高度なテクニックを習得するコツも解説しています。

▶2塁への牽制球

反時計回りに回る牽制球と、時計回りに回る牽制球をマスターするための練習メニューを紹介しています。この2種類の牽制球は、対称的なメリットとデメリットがあるので、状況や、自分の投げやすさなどを考慮して使い分けられるようにするとよいでしょう。

▶3塁への牽制球

プレートをはずさずに3塁へ投げる牽制球をマスターするための練習メニューを紹介しています。3塁の牽制球を暴投すると、そのまま相手の得点につながってしまうため、3塁への牽制はより慎重に、しっかりとコントロールをつけて投げるように練習しましょう。

ボークに注意

ランナーの進塁を防ぐために、違反送球をすることをボークといいます。

【主なボークの例】
- セットポジションで完全静止しない
- ピッチャープレートに触れているときに1塁へ偽投する
- 投球動作を途中で止める
- 塁の方向に直接踏み出さない
- ランナーのいない塁に投げる
- ベースから離れている野手に投げる

第5章 「牽制球」編

練習メニュー 160 | 牽制球 | 基本 | 難易度：★☆☆☆☆

2パターンの牽制を知る

▶効果：プレートをはずす牽制と、プレートをはずさない牽制を覚える

● プレートをはずさない牽制

1 セットポジションの構えから始まる。

2 ピッチャープレートに右足をかけたまま投げる。体を回転させたときにボールが肩の高さにくるようにする。

練習Point

素早く送球できる

素早く牽制ができ、ランナーにも牽制球が来ると思われにくい投げ方です。デメリットは、ボークの危険性が高いことです。また、右足をしっかりと回さないと、右足がクロスステップになりボールが右側にそれるので注意しましょう。

● プレートをはずす牽制

1 セットポジションの構えから始まる。

2 ピッチャープレートを右足でまたいでから投げる。体を回転させたときにボールが肩の高さにくる。

練習Point

ボークがない

プレートをはずした場合は、どんな動きをしてもボークになりません。ただし、デメリットとしてランナーに牽制球が来ると気づかれやすいという点があります。

練習メニュー **161**

▶ 牽制球　　基本　　▶難易度：★★☆☆☆

プレートをはずさず1塁へ牽制する

▶効果：小さなモーションで素早く1塁へ牽制球を投げる

DVD 5-4

1 セットポジションで構える。

2 右足をプレートにつけたまま、かかとだけをプレートからはずし、つま先と体を1塁方向に回転させる。

×NG×
偽投する
プレートに触れている投手が、1塁に牽制するフリ（偽投）をして、実際に投げない行為はボークになります。

▶目安 **5回×3セット**

3 体を反時計回りに90度回転させて、その勢いで左足を1塁方向へステップする。

4 左足を1塁方向へ踏み込んで、なるべく小さなモーションで投げる。投げ終って初めて右足がプレートから離れる。

練習Point

② ③ ④

軸足のつま先で回転する
右投手の場合は、腰をしっかり回転させてその勢いで左足を1塁側に踏み出して投げます。かかとだけを上手にプレートからはずし右足のつま先で回転すれば素早く回転することができます。

第5章「牽制球」編

練習メニュー 162

▶ 牽制球　　　　　　　　基本　▶難易度：★★★★★

プレートをはずして1塁へ牽制する

▶効果：ボークにならない1塁牽制球をマスターする

1 セットポジションで構える。

2 素早く右足をプレートからはずし、1塁方向へ回転をはじめる。

練習Point
後ろへステップする感覚で回転する

後ろへリズムよくステップする感覚でプレートをまたぐと、その勢いで上手く体を回転させることができます。また、プレートをはずしているので偽投してもボークになりません。

▶目安 **10回×3セット**

3 体を反時計回りに90度回転させる。

4 クロスステップに注意して、1塁方向へまっすぐ踏み込む。

5 なるべく小さなモーションで素早く1塁へ投げる。

練習メニュー 163

▶ 牽制球　　基本　　▶難易度：★★★★★

反時計回りで2塁へ牽制する

▶効果：素早く2塁へ牽制球を投げる

DVD 5-4

1 セットポジションで構える。

2 右足をプレートの後方へ素早く引く。上体と左足を反時計回りに回転させ始める。

▶目安 5回×3セット

3 右足を後ろにステップさせ、右足を軸に上体を180度回転させる。

4 クロスステップに注意して、左足を2塁方向へまっすぐ踏み込んで、2塁へ牽制球を投げる。

練習Point
反時計回りの牽制の特徴
反時計回りの2塁牽制は、勢いをつけて回転ができるため、速いボールを投げることができますが、その一方でコントロールがつけにくいという弱点があります。

練習Point
① ② ③

なるべく素早く回転を終える
左足は2塁に向けて反時計回りに180度、右足は軸足のかかとから回し始めます。左足をなるべく素早く回転させて、ターンが2塁方向へまっすぐ向くことがポイントになります。

第5章 「牽制球」編

| 練習メニュー 164 | ▶ 牽制球 | 基本 | ▶難易度：★★★★★ |

時計回りで2塁へ牽制する

▶効果：コントロール重視で2塁に牽制球を投げる

DVD 5-4

1 セットポジションで構える。

2 右つま先を軸に右足と上体を時計回りに回転させ始める。

3 右足と上体を時計回りに180度回転させる。

4 左足を2塁方向へまっすぐ踏み込んで、2塁に牽制球を投げる。

練習Point

ランナーに気づかれないテクニック

牽制を投げる寸前まで顔をバッターのほうに向けていれば、ランナーに気づかれずにアウトにできる可能性が高まります。

▶目安 **5回×3セット**

練習メニュー **165**

▶ 牽制球　　基本　▶難易度：★★★★★

3塁へ牽制する

DVD 5-4

▶効果：上手に3塁に牽制球を投げる

1 セットポジションで構える。

2 バッターに投げるときと同じように左足を上げる。

3 左足と上体をまっすぐ3塁方向へ向ける。

4 左足を3塁方向へまっすぐ踏み出す。

▶目安 5回×3セット

5 そのまま3塁へ牽制球を投げる。

第5章 「牽制球」編

練習Point

3塁牽制球のボーク

左足を上げたときに、左足がピッチャープレートよりも2塁寄りに行ってしまうと、その牽制球はボークと判定されます。

Training MENU of Junior Baseball 210 Chapter.5 INTRODUCTION

フィールディング、その他の練習メニューについて

ピッチャーは投球後に野手となる

　ピッチングがうまくなる練習メニュー、最後はフィールディングや身体強化などの練習メニューです。ピッチャーは投球が一番の役目ですが、投球が終わると、すぐに野手の1人になるので、フィールディングはピッチャーの大切な練習項目の1つです。ピッチャーが処理するゴロは、送りバントの打球であることも多いので、ダブルプレーをとるためにもフィールディングの技術が重要となるのです。

▶フィールディング、その他の練習メニュー

▶フィールディング

　ピッチャーゴロやピッチャーライナーのフィールディング練習をはじめ、1塁、2塁、3塁、本塁と状況別にアウトをとるためのフットワークを紹介しています。特に、ダブルプレーのフットワークは、試合でも必要不可欠になってくる重要な動作であるため、ピッチャーにとってはピッチング練習と同じくらい欠かせない練習でもあります。練習するときは、ほかの野手と声を掛け合って連携を高めることも大切です。何度も繰り返しながら体に動きをしみこませるようにしましょう。

▶身体強化メニュー

　「投げ込み」「遠投」などのスローイングを伴うメニューや、「ゴムチューブ練習」「ランニング」などピッチャーに必要な運動能力の強化に特化したメニューなど、ピッチャーが強く速いボールを投げるために必要な体を作るための練習メニューを紹介しています。

▶矯正レスキュー

　「軸足に体重が乗らない」「上体が突っ込む」「体の開きが早い」「コントロールが安定しない」など、陥りがちなミスを直すための練習メニューを紹介しています。ランドリーケースや、折りたたみイスを使ったユニークな練習方法なので、楽しみながら練習できます。

第5章　「フィールディング」編

練習メニュー **166**

▶ **フィールディング**　　基本　▶難易度：★★★★★

ピッチャーライナーを捕球する

▶効果：投球後すぐに捕球体勢に入る

DVD 5-5

▶目安 **5回× 3セット**

飛んできた打球に反応し、グローブを出す。

1. シャドーピッチングでフォロースルーの姿勢をとる。 
2. 右足を着地後、すぐに捕球体勢に入る。

👁 指導者Check
無理はさせない
ピッチャーライナーは、ケガに直結する可能性もあります。捕球が難しい場合は、よけさせるようにしましょう。

練習メニュー **167**

▶ **フィールディング**　　基本　▶難易度：★★★★★

ピッチャーゴロを捕球する

▶効果：ゴロを捕球して1塁へ送球する

DVD 5-5

▶目安 **5回× 3セット**

1. シャドーピッチングからフォロースルーの体勢をとる。
2. 右足を着地後、すぐに捕球体勢に入る。
3. 歩幅を合わせながら前進。ゴロ処理の動作へ。
4. ボールの正面に入り左足を前に出してゴロを捕球する。
5. 両手をふところに持ってきてからステップを踏んで1塁に送球。

練習Point
あわてずにゆっくりと送球
ピッチャーゴロはゆっくり処理しても、バッターをアウトにできます。1塁への送球は、確実に行いましょう。

練習メニュー **168**

▶ |フィールディング|　基本　▶難易度：★★★★★

ダブルプレーをとれずに1塁へ送球する

DVD 5-5

▶効果：ダブルプレーがとれなかったときのフィールディング

▶目安 5回×3セット

1 シャドーピッチングからフォロースルーの姿勢をとる。

2 右足を着地後、すぐに捕球体勢に入る。

3 歩幅を合わせながらゴロを処理。

4 捕球後、ほかの選手からの指示を聞きながら（もしくは自分で1塁ランナーを確認して）すぐにスローイング体勢に入る。

練習Point
送球先の判断方法
ピッチャーがゴロを処理してダブルプレーを狙いにいくときには、キャッチャーをはじめとする、野手の指示に従うようにします。

練習Point
一拍置いて1塁へ送球する
ダブルプレーがとれず1塁に送球するときは、あわてて悪送球をしないようにしっかりとステップを踏んでから送球します。

5 2塁が間に合わないので、1塁への送球を決める。グローブをふところへ移動する。

6 1塁へ向かってステップする。

7 左足を踏み出す。

8 素早く1塁に送球する。

第5章 「フィールディング」編

練習メニュー **169**

▶ フィールディング　　基本　　▶難易度：★★★★★

ダブルプレーで2塁へ送球する

DVD 5-5

▶効果：2塁でアウトをとりにいくダブルプレーのフィールディング

1 シャドーピッチングからフォロースルーの姿勢をとる。

2 右足を着地後、すぐに捕球体勢に入る。

3 歩幅を合わせながらゴロを処理。

4 捕球後、ほかの選手からの指示を聞きながら（もしくは自分で1塁ランナーを確認して）すぐにスローイング体勢に入る。

練習Point
反時計回りで回転する
2塁に送球するときは、送球までのスピードを考えて反時計回りで回転します。捕球時に体をななめにしながら捕球するとスムーズです。

練習Point
正面で捕球する
捕球するときは、半身にならず正面で捕球するようにします。捕球のときは左足を半足分前に出します。

5 体を90度回転させて2塁方向に向く。

6 2塁へ向けて、まっすぐステップする。

7 左足を踏み出して強く速いボールを2塁に送球する。

▶目安 5回×3セット

| 練習メニュー 170 | ▶ フィールディング | 基本 | ▶難易度：★★★★★ |

送りバントで3塁へ送球する

▶効果：送りバントの際に3塁でアウトをとりにいくフィールディング

DVD 5-6

1 シャドーピッチングでフォロースルーの姿勢をとる。

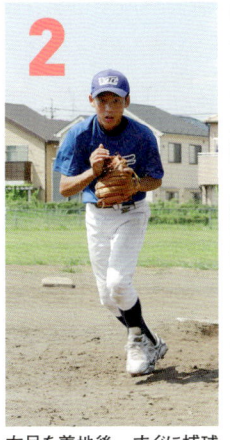

2 右足を着地後、すぐに捕球体勢に入る。

3 歩幅を合わせながらゴロを処理。

4 捕球後、ほかの選手からの指示を聞きながらすぐにスローイング体勢に入る。

練習Point
捕球と同時に勢いで回転する
ゴロを処理したときの勢いを利用して回転します。このときにグローブからボールがこぼれないように右手でしっかりと握ります。

練習Point
右足でふんばる
体を回転させたときに、バランスを崩して、悪送球をしてしまわないように右足にしっかりと体重を乗せます。ノーステップスローはしないように。

6 左足を軸に体を回転させる。

7 右足に重心を移動し、左肩を3塁方向に向ける。

8 素早く左足を3塁方向に踏み出して、強く速いボールを送球する。

▶目安 5回×3セット

第5章 「フィールディング」編

練習メニュー **171**

▶ |フィールディング|　基本　▶難易度：★★★★★

スクイズで本塁へ送球する

DVD 5-6

▶効果：本塁でアウトをとりにいくスクイズのフィールディング

1 シャドーピッチングでフォロースルーの姿勢をとる。

2 ボールに向かってダッシュ。

3 グローブだけでボールを捕球にいく。

練習Point
腕とグローブは平行にする
グローブは手首を曲げずに腕とグローブが平行になる角度で捕球にいきます。こうすることで低く速いトスを投げれるようになります。

×NG× グローブが地面と平行
地面に対してグローブが平行になると、ボールがファンブルしてしまったり、トスまで時間がかかってしまったりします。さらに、コントロールもつけにくくなります。

4 右足を前にしてグローブでボールを救い上げるように捕球する。

5 上体を起こし、グローブをひざの高さまで持ち上げる。

▶目安 **5回×5セット**

6 左手首を使って押し出すようにトスをする。押し出す瞬間にグローブを開く。

練習メニュー 172

▶ フィールディング　　基本　　▶難易度：★★☆☆☆

グラブトス練習

DVD 5-6

▶効果：速く正確なグラブトスが身につく

1 相手に向かって左足をまっすぐ踏み出す。

2 左足に体重を移動させ、その勢いで腕をまっすぐスイングする。

練習Point

グローブの先でトスを上げる

グラブトスをするときは、できるだけボールをグローブの先で送るようにします。このときにグラブを強く閉じないことがうまくトスするコツです。

▶NG グローブを閉じる 
▶OK グローブを開く

3 体重を左足に乗せてボールをトス。

4 ボールを押し出すように相手にトスする。

▶目安 10回×5セット

第5章「フィールディング」編

197

| 練習メニュー 173 | ▶ 身体強化　　　　　　　基本　▶難易度：★★★★★ |

投げ込み練習

▶効果：ピッチング技術や、体力の強化

1 キャッチャーを座らせてピッチング練習を開始。

2 キャッチャーにコースを要求してもらう。

3 正しいフォームを意識しながらミットを狙って投げる。

練習Point

目的を設定して練習することが大事

ピッチャーにとって、投げ込みは最も一般的な練習の1つです。投げ込みを行う際に、何も目的を持たずに行ってはいけません。「コースを決めて投げる」「全○球をペース配分を考えて投げる」など、明確な目的を持つことで、内容の濃い練習になります。また、投げ込みの目安はキャッチャーを座らせてから70～100球としましょう。

4 正確な動作で右腕を振り抜く。

5 最後までフォームは崩さないようにする。これを目標の球数まで続ける。

▶目安 70～100球

練習メニュー **174**

▶ 身体強化　　　基本　　▶難易度：★★★★★

ピッチングフォームを意識して遠投する

▶効果：ピッチングのバランス強化

4 右足を力強く踏み出す（左投げの場合）。

3 両腕を均等に広げ、大きくテイクバックをとる。

2 ゆっくりと右足を下げ、投球モーションへ。

1 背すじを伸ばし、右足を上げる。

第5章「身体強化」編

6 フォロースルーをしっかりとり、フォームを崩さない。

5 右足に重心を乗せて左腕を振りぬく。

▶目安 **10分**

👁 指導者Check

遠投はバランス強化のための練習

遠投＝肩の強化という考え方は間違っています。無理に遠投を繰り返すと肩を痛めたり、体の開きが早くなったりしてしまう子がいます。そのため遠投は、強く投げることはせず、まっすぐ立って投げる、投球のバランスを意識して投げるということに重きを置いて練習するようにしましょう。また、小学生は自分の届く距離で遠投を行うことも大切です。

練習メニュー 175

▶ 身体強化　基本　▶難易度：★★★★★

ゴムチューブ練習

▶効果：インナーマッスルの強化と、肩の強化

▶ 横の運動（インナーマッスルの強化）

▶目安 10回×5セット

練習Point

巻きつけて握る

ゴムチューブは手に巻きつけて握るように持ちます。インナーマッスル（内側の筋肉）の強化だけでなく、投球の前後に行えば、肩の動きをスムーズにする効果もあります。

指導者Check

指導者が片方を持つ

ゴムチューブは柱などに結んでも問題ありませんが、なるべく指導者が片方を持つようにしましょう。ゴムは張力の弱いものでも、しっかりと張れば、効果はあります。

1 脇をしめた状態で、腕だけを使ってゴムチューブを真横に引っ張る。

2 力を抜いてもとの位置に戻す。これを繰り返す。

▶ 縦の運動（肩の強化）

▶目安 10回×5セット

練習Point

肩の高さまで持ち上げる

ゴムチューブは体の軸がずれないように注意しながら肩の高さまで持ち上げます。肩以上に持ち上げてしまうと、力を抜くときに肩を脱臼してしまう可能性があります。

指導者Check

足で押さえて固定する

ゴムチューブは足で踏んで、ベルトの高さでピンと張られた状態になるようにします。ゴムの長さを短くすると負荷を上げることができます。

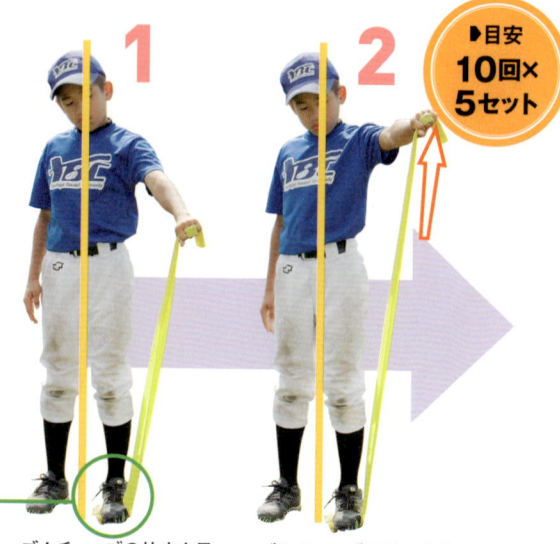

1 ゴムチューブの片方を足で踏み、ゴムをピンと張った状態にする。

2 ゴムチューブを肩の高さまで持ち上げ、力を抜いてもとの位置に戻す。これを繰り返す。

練習メニュー 176

▶身体強化　基本　▶難易度：★☆☆☆☆

長距離ランニング&ダッシュ

▶効果：ランニングで下半身の強化

● 長距離ランニング

練習Point

走り込みを行えば、ボールを投げるときに重要な下半身の筋力が強化され、力強いボールを投げることができるようになります。また、ピッチングに必要なスタミナの強化もつながります。長距離をランニングするときは、走る距離や時間を決めて行うとよいでしょう。

▶目安 10〜20分

ランニングは無理をして走らないことも大切。ただ走るよりも鬼ごっこやサッカーをして走るのも効果的。

第5章 「身体強化」編

● ダッシュ

▶目安 10回×5セット

練習Point

インターバル走に応用

普通に走るメニューに加えて、ダッシュと休けいを繰り返すインターバル走も効果的です。インターバル走には、インターバルの時間を徐々に短くしていく方法もあります。

ただ走るだけよりも、遊びの要素を盛り込むと選手は楽しく練習できます。

| 練習メニュー 177 | ▶矯正レスキュー　応用　▶難易度：★★★★★ |

踏み込む足を意識的に高く上げる

▶効果：「足が高く上がらない」「バランスよく立てない」クセを矯正する

練習Point
バランス強化メニューよりも効果大

片足で長時間立ち続けるだけでも難しいものですが、この練習は"高く足を上げる"という条件つきのトレーニング。通常のバランス強化のメニューよりも高い効果が期待できます。上記の矯正だけでなく、足腰の強化にもつながります。

×NG×
ピッチングフォームを無視する

立ち続けることだけに気をとられてしまうと、正しいピッチングフォームを意識することを忘れてしまいます。「基本のピッチングフォームを守りながら立つ」ということを忘れないようにしましょう。

1
左足を高く上げ、30秒間静止する。

練習Point
フォロースルーまでつなげる方法もあり

足を高く上げ30秒間静止して終えるだけでもいいですが、シャドーピッチングでフォロースルーまで行うと、さらに高レベルな練習になります。

練習Point
"より高く上げる"イメージを持つ

普段のピッチング時よりも軸足を曲げず、左足を意識的に高く上げることがポイントです。そうすることで、足を高く上げる感覚が身につくと同時に、運動負荷も高まります。

2
30秒が経ったら、シャドーピッチング。

▶目安 **30秒×3セット**

| 練習メニュー 178 | ▶ 矯正レスキュー | 応用 | ▶難易度：★★★★★ |

鏡の前でピッチングフォームチェック

▶効果：自分で自分のフォームの問題点を見つけて矯正する

▶目安 **10回×3セット**

練習Point
鏡とにらめっこ
鏡を前にすることで、普段は見ることができない自分のフォームを客観的に見ることができます。問題点を見つけるために、鏡をじっくり見ながらゆっくりとしたスピードで行います。

1 鏡に正対してピッチング体勢に入り、左足を高く上げる。

2 大きくテイクバックをとる。

3 力強くステップ。

4 しっかりと最後まで右腕を振り抜く。

| 練習メニュー 179 | ▶ 矯正レスキュー | 応用 | ▶難易度：★★★★★ |

タオルを使ってシャドーピッチング

▶効果：腕・ひじに負担をかけずに「ピッチングフォーム」「腕の振り」を矯正する

▶目安 **10回×3セット**

練習Point
ステップだけで終えてもOK
タオルを使うのは、肩が抜けるのを避けるためです。ステップまでで練習を終えても構いません。

1 タオルを持ってピッチングフォームに入り、左足を高く上げる。

2 大きくテイクバックをとる。

3 タオルを振り上げ、力強くステップ。

4 しっかりと最後まで右腕を振り抜く。

第5章 「矯正レスキュー」編

| 練習メニュー 180 | 矯正レスキュー | 応用 | 難易度：★★★★★ |

ランドリーケースでバランス矯正

▶効果：「軸足に体重が乗らない」「上体が突っ込む」クセを矯正する

1
正面に逆さにした高さ30センチくらいのランドリーケースを逆にして置く。

30センチ

2
左投手は右足、右投手は左足をランドリーケースに乗せる。このとき体がそらないように注意する。

3
ランドリーケースを取りはずしてもらう。右足は手順2の状態のまま30秒間キープする。

▶目安
10回×3セット

練習Point

軸足を意識する

ランドリーケースに足を乗せていっているときに、しっかりと軸足に体重をかけて立つことを意識するようにします。

👁 指導者Check

上体が前のめりになってしまう選手に効果的

この練習は、投球時に上体が前に突っ込んでしまう選手や、しっかりと軸足に体重をかけられない選手にさせましょう。

4
30秒が過ぎたらシャドーピッチングを行う。

練習メニュー **181**

▶ 矯正レスキュー　　応用　　▶難易度：★☆☆☆☆

正対スロー

▶効果：「体の開きが早い」「制球力が定まらない」クセを矯正する

1 両足を肩幅ほど開き、5〜7メートル先の捕球相手と正対する。

練習Point
要求されたコースを狙う
相手に正対して投げることで、体の開きを意図的になくすことができます。捕球相手がいろいろなコースにボールを要求すれば制球力も増します。

▶目安 **10回×3セット**

2 上半身と腕だけを使いノーステップで投げる。このとき、投げる瞬間まで、手のひらが見えないようにする。

3 捕球相手が要求したコースを狙って投げる。

👁 指導者Check
体が早く開いてしまう選手に効果的
この練習は、投球時に体が早く開いてしまう選手や、コントロールが定まらない選手にさせると効果的です。

第5章 「矯正レスキュー」編

| 練習メニュー 182 | ▶ 矯正レスキュー | 応用 | ▶難易度：★★★★★ |

折り畳みいすで軸足チェック

▶効果：「体の開きが早い」「上体が突っ込む」クセを矯正する

2 重心を左足に移動させる。

▶目安
10回×3セット

1 左足（左投手は右足）を、ステップしたときくらいの幅で折りたたみいすに乗せる。

練習Point
軸足の重心を意識する
軸足の重心がしっかりとれていないと、バランスを崩してしまします。軸足の体重、そして体重移動を慎重に行いましょう。

練習Point
腰の位置が前に出ない
重心を移動させるときは、腰が前に出ないように注意しましょう。

3 重心を右足に移動する。これを繰り返す。

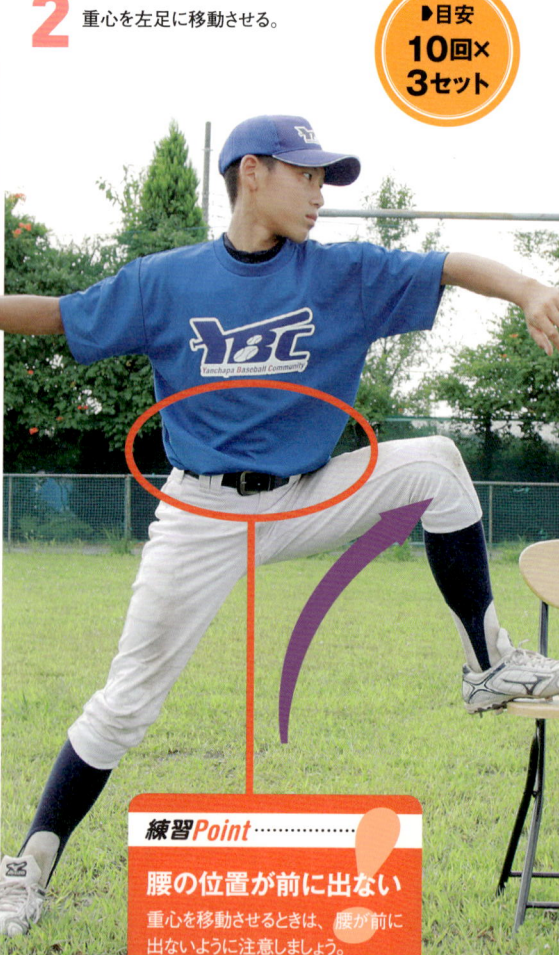

👁 指導者Check
両足を平行に出せない選手に効果的
この練習は、軸足の股関節が、もう一方の足の延長線上からはずれて内側にかぶさっている選手の矯正に役立ちます。

Training MENU of Junior Baseball **210**

| 第 **6** 章 |

チーム力を高める練習メニュー

12

Menu

練習メニュー 183

総合練習 [守備] ｜ 基本 ｜ 難易度：★★☆☆☆

2塁への中継プレー

▶効果：シングルヒット、2塁打に対する2塁バックの中継プレーを覚える

● 左方向に打球が飛んだ場合

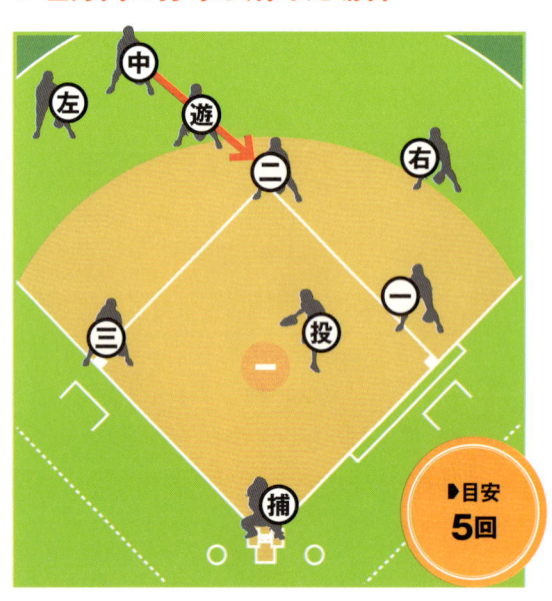

▶目安 5回

センターかレフトが捕球して2塁ベースのセカンドに送球。ショートは必要があればカットマンとして捕球野手と2塁ベースのライン上に入る。

それぞれの動き

ピッチャー	▶ マウンドあたり
キャッチャー	▶ 本塁ベース
ファースト	▶ 中継の延長線上
セカンド	▶ 2塁ベース
サード	▶ 3塁ベース
ショート	▶ カットマン
レフト	▶ 捕球&送球／バックアップ
センター	▶ 捕球&送球／バックアップ
ライト	▶ 定位置やや前

練習Point
カットマンの入り方
ボールを捕球した野手と送球先のベースとの延長線上に立ち、送球相手の肩の強さに応じて距離を変えます。

● 右方向に打球が飛んだ場合

▶目安 5回

センターかライトが捕球して2塁ベースのショートに送球。セカンドは必要があればカットマンとして捕球野手と2塁ベースのライン上に入る。

それぞれの動き

ピッチャー	▶ 1塁方向
キャッチャー	▶ 本塁ベース
ファースト	▶ 定位置よりやや2塁寄り
セカンド	▶ カットマン
サード	▶ 3塁ベース
ショート	▶ 2塁ベース
レフト	▶ 2塁バックアップ
センター	▶ 捕球&送球／バックアップ
ライト	▶ 捕球&送球／バックアップ

練習Point
中継は「くの字」にならない
中継が一直線上ではなく、くの字になると悪送球の原因になります。

※中継プレーのフォーメーションはチームによって異なります。ここで紹介しているのは基本の例です。

練習メニュー 184

総合練習［守備］ 　基本　難易度：★★★★★

3塁への中継プレー

▶効果：ランナーが3塁へ進むときの3塁バックの中継プレーを覚える

● 左方向に打球が飛んだ場合

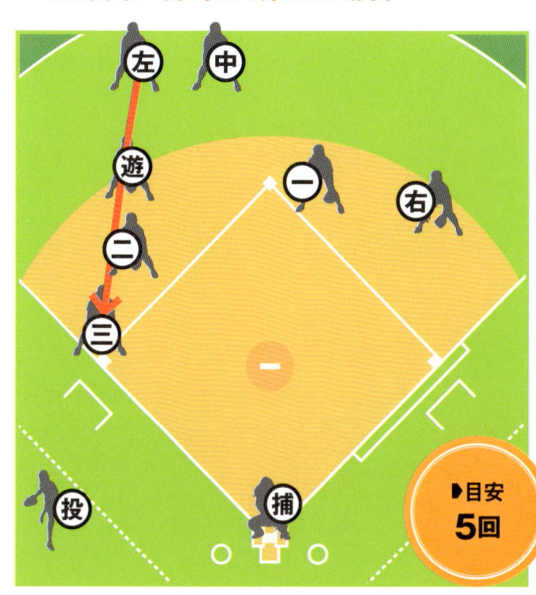

センターかレフトが捕球して3塁ベースのサードに送球。ショートは必要があればカットマンとして捕球野手と3塁ベースのライン上に入る。

それぞれの動き

ピッチャー	3塁バックアップ
キャッチャー	本塁ベース
ファースト	2塁方向
セカンド	カットマンのアシスト
サード	3塁ベース
ショート	カットマン
レフト	捕球&送球／バックアップ
センター	捕球&送球／バックアップ
ライト	定位置より内野寄り

▶目安 5回

練習Point
カットマンの判断基準

カットマンがボールをカットするか否かは、捕球した野手が送球の勢いとランナーの位置で判断します。

● 右方向に打球が飛んだ場合

センターかライトが捕球して3塁ベースのサードに送球。セカンドは必要があればカットマンとして捕球野手と3塁ベースのライン上に入る。

それぞれの動き

ピッチャー	3塁バックアップ
キャッチャー	本塁ベース
ファースト	2塁寄り
セカンド	カットマン
サード	3塁ベース
ショート	カットマンのアシスト
レフト	3塁バックアップ
センター	捕球&送球／バックアップ
ライト	捕球&送球／バックアップ

▶目安 5回

練習Point
バックアップの重要性

中継プレーで、思わぬ方向へボールが転がるのを避けるためにすべての野手が動き、バックアップ体制をとります。

第6章　「総合練習」編

| 練習メニュー 185 | 総合練習[守備] | 基本 | 難易度：★★★★★ |

バックホームの中継プレー

▶効果：ランナーが本塁へ進むときのバックホームの中継プレーを覚える

● 左方向にフライが飛んだ場合

センターかレフトが捕球して本塁のキャッチャーに送球。必要に応じてショートがカットマンに入る。

それぞれの動き

ピッチャー	▶	本塁バックアップ
キャッチャー	▶	本塁ベース
ファースト	▶	1塁ベース付近
セカンド	▶	2塁ベース
サード	▶	カットマンのアシスト
ショート	▶	カットマン
レフト	▶	捕球&送球／バックアップ
センター	▶	捕球&送球／バックアップ
ライト	▶	定位置付近

▶目安 **5回**

練習Point

アウトにする優先順位

ランナーが複数いる場合は、先の塁に進むランナーをアウトにするようにします。無理な場合は、アウトにできる塁を担います。

● センター方向にフライが飛んだ場合

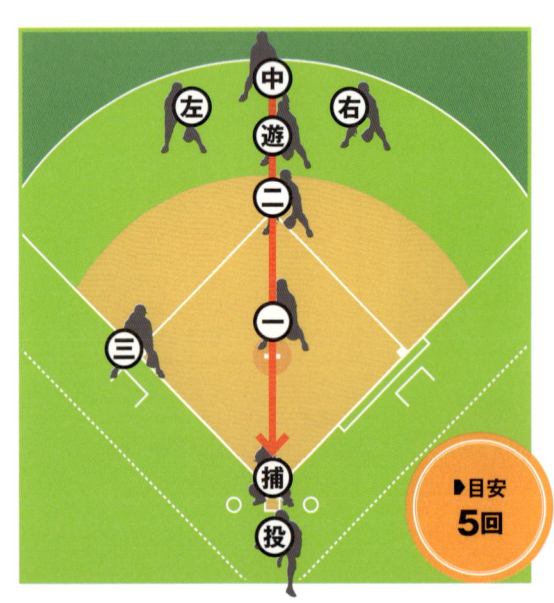

センターが捕球して本塁のキャッチャーに送球。フライの場合は、必要に応じてショートがカットマンに入る。

それぞれの動き

ピッチャー	▶	本塁バックアップ
キャッチャー	▶	本塁ベース
ファースト	▶	カットマンのアシスト
セカンド	▶	2塁ベース／カットマン
サード	▶	3塁ベース
ショート	▶	カットマン
レフト	▶	センターバックアップ
センター	▶	捕球&送球
ライト	▶	センターバックアップ

▶目安 **5回**

練習Point

ゴロとフライで異なる

フライのときはショートかセカンドがカットマンに入り、ゴロのときはファーストがカットマンに入ります。

指導者Check

繰り返せば鉄壁のプレーになる

中継プレーは何度も練習することによって磨きがかかっていく練習です。さまざまな状況を想定して中継プレー、フォーメーションを繰り返し練習しましょう。

● 右方向にフライが飛んだ場合

練習Point
バックアップの距離
バックアップはなるべく離れた場所に入るようにします。

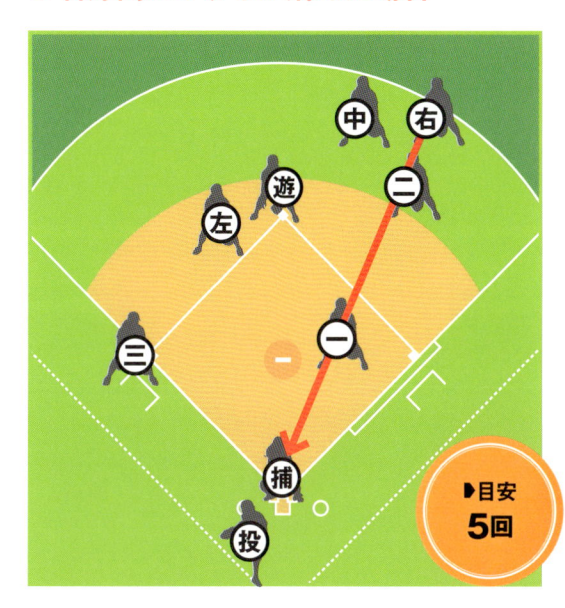

ライトが捕球して本塁のキャッチャーに送球。必要に応じてセカンドがカットマンに入る。

それぞれの動き

ピッチャー	本塁バックアップ
キャッチャー	本塁ベース
ファースト	カットマンのアシスト
セカンド	カットマン
サード	3塁ベース
ショート	2塁ベース
レフト	2塁バックアップ
センター	ライトバックアップ
ライト	捕球&送球

▶目安 5回

練習Point
ダブルカットについて
カットマンが1人で足らないときは、2人目のカットマンが入ります。ポジションのとり方などは、同じ方法で行います。

● ライト線上にフライが飛んだ場合

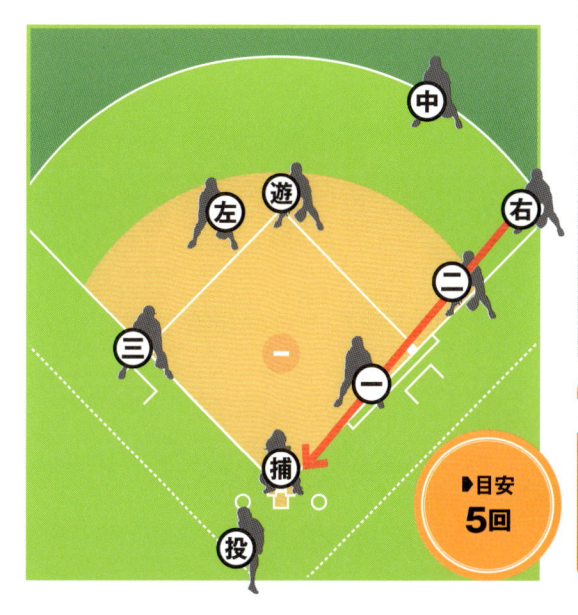

ライトが捕球して本塁のキャッチャーに送球。必要に応じてセカンド、ファーストがカットマンに入る。

それぞれの動き

ピッチャー	本塁バックアップ
キャッチャー	本塁ベース
ファースト	カットマンのアシスト
セカンド	カットマン
サード	3塁ベース
ショート	2塁ベース
レフト	2塁バックアップ
センター	定位置よりライト寄り
ライト	捕球&送球

▶目安 5回

練習Point
ピッチャーの動き
ピッチャーは実質的にカットプレーには絡みませんが、必ずどこか重要な塁のバックアップに回るようにします。

第6章 「総合練習」編

練習メニュー 186

| 総合練習［守備］| 基本　難易度：★★★☆☆

ランナー1塁時のバント処理

▶効果：ランナー1塁時のバント処理の動きを覚える

▶ ファーストが処理する場合

ファーストがバントを処理して、2塁か1塁に送球する。2塁カバーにはショート、1塁カバーにはセカンドが入る。サードは3塁へ戻る。

それぞれの動き

ピッチャー	▶ 捕球プレー
キャッチャー	▶ 本塁ベース
ファースト	▶ バント処理＆送球
セカンド	▶ 1塁ベースカバー
サード	▶ 3塁へ戻る
ショート	▶ 2塁ベースカバー

▶目安 5回

▶ サードが処理する場合

サードがバントを処理して、2塁か1塁に送球する。2塁カバーにはショート、1塁カバーにはセカンドが入る。ピッチャーは3塁のベースカバーに向う。

それぞれの動き

ピッチャー	▶ 3塁ベースカバー
キャッチャー	▶ 本塁ベース
ファースト	▶ 1塁バックアップ
セカンド	▶ 1塁ベースカバー
サード	▶ バント処理＆送球
ショート	▶ 2塁ベースカバー

▶目安 5回

▶ ピッチャー、キャッチャーが処理する場合

ピッチャーかキャッチャーがバントを処理して、2塁か1塁に送球する。2塁カバーにはショート、1塁カバーにはセカンドが入る。サードは3塁に戻る。

それぞれの動き

ピッチャー	▶ バント処理＆送球
キャッチャー	▶ バント処理＆送球
ファースト	▶ 前進位置
セカンド	▶ 1塁ベースカバー
サード	▶ 3塁ベースカバー
ショート	▶ 2塁ベースカバー

▶目安 5回

練習メニュー 187 | 総合練習[守備] | 基本 | 難易度：★★★☆☆

ランナー2塁時のバント処理

▶効果：ランナー2塁時のバント処理の動きを覚える

ファーストが処理する場合

ファーストがバントを処理して、3塁か1塁に送球する。3塁カバーにはサード、2塁カバーにはショート、1塁カバーにはセカンドが入る。

それぞれの動き

ピッチャー	捕球プレー
キャッチャー	本塁ベース
ファースト	バント処理&送球
セカンド	1塁ベースカバー
サード	3塁ベース
ショート	2塁ベースカバー

▶目安 5回

サードが処理する場合

サードがバントを処理して、1塁に送球する。2塁カバーにはショート、1塁カバーにはセカンド、ファーストが入る。

それぞれの動き

ピッチャー	捕球プレー／3塁ベースカバー
キャッチャー	本塁ベース
ファースト	1塁ベースカバー
セカンド	1塁ベースカバー
サード	バント処理&送球
ショート	2塁ベースカバー

▶目安 5回

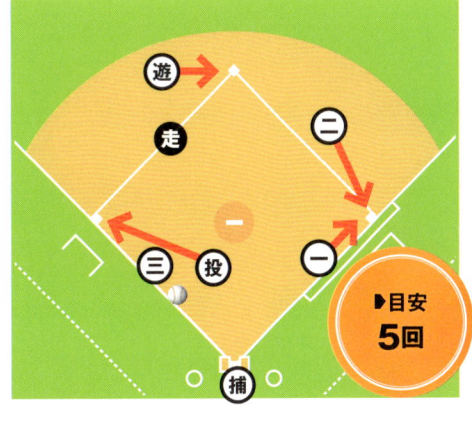

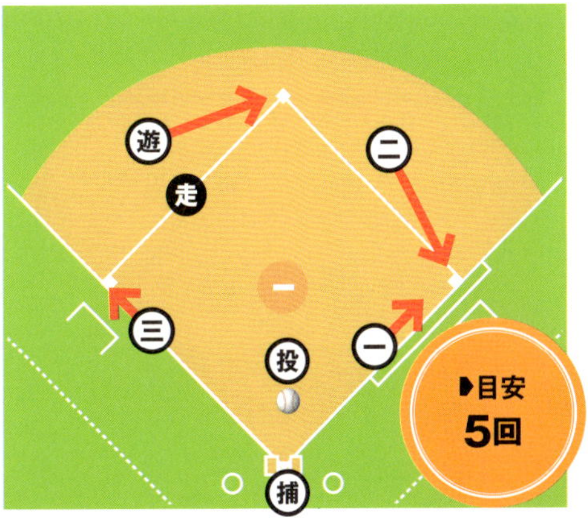

ピッチャー、キャッチャーが処理する場合

ピッチャーかキャッチャーがバントを処理して、3塁か1塁に送球する。3塁カバーにはサード、2塁カバーにはショート、1塁カバーにはセカンド、ファーストが入る。

それぞれの動き

ピッチャー	バント処理&送球
キャッチャー	バント処理&送球
ファースト	1塁ベースカバー
セカンド	1塁ベースカバー
サード	3塁ベースカバー
ショート	2塁ベースカバー

▶目安 5回

第6章「総合練習」編

練習メニュー 188

総合練習 [守備] 　基本　難易度：★★★☆☆
スクイズ阻止（ランナー3塁の場合）

▶効果：スクイズ時の動きを覚える

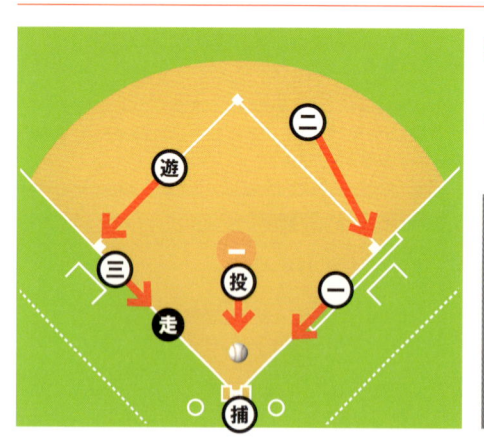

● スクイズされたときの動き

1 ピッチャー、ファーストとサードはスクイズ処理の動き。セカンドは1塁カバー、ショートは3塁カバーに動く。

それぞれの動き
- ピッチャー ▶ スクイズ処理
- キャッチャー ▶ 本塁ベース
- ファースト ▶ スクイズ処理
- セカンド ▶ 1塁ベースカバー
- サード ▶ スクイズ処理
- ショート ▶ 3塁ベースカバー

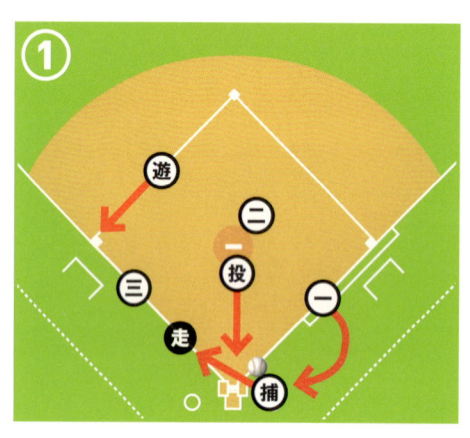

● スクイズをはずしたときの動き

1 ウエストボールを捕球したキャッチャーが3塁ランナーの位置を確認。ショートが3塁に入り、ピッチャーは本塁のカバーへ。

2 キャッチャーは3塁ランナーに合わせて、追走か送球かを選ぶ。

それぞれの動き
- ピッチャー ▶ 本塁バックアップ
- キャッチャー ▶ 3塁ランナーを追う／3塁送球
- ファースト ▶ 本塁バックアップ
- セカンド ▶ 3塁か本塁のバックアップ
- サード ▶ 3塁ベースカバー
- ショート ▶ 3塁バックアップ

練習Point
ランナーは3塁方向へ追いかける
ランナーはホームではなく3塁方向に追い込むようにします。こうすることで、もしものときの失点を防げるようになります。

▶目安 **5回**

練習メニュー 189 総合練習[守備] 応用 難易度：★★★☆☆
ランナー1塁、3塁のスチール阻止

▶効果：スチールを阻止するための動きを覚える

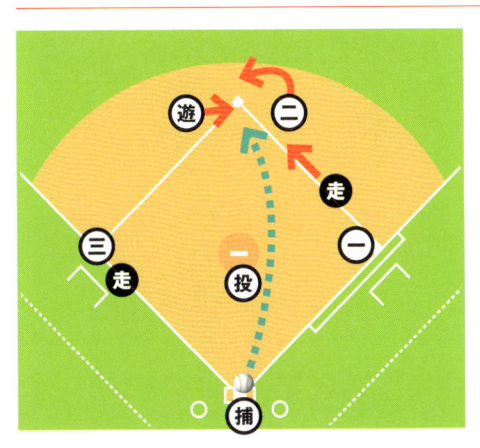

▶ 2塁で1塁ランナーをアウトにする場合

1 1塁ランナーの盗塁に合わせて、ショートかセカンドが2塁ベースに入り、もう一方がバックアップ。キャッチャーは2塁へ送球する。

それぞれの動き
ピッチャー	▸ マウンドあたり
キャッチャー	▸ 捕球後、2塁へ送球
ファースト	▸ 定位置
セカンド	▸ 2塁ベース／2塁バックアップ
サード	▸ 3塁ベース
ショート	▸ 2塁ベース／2塁バックアップ

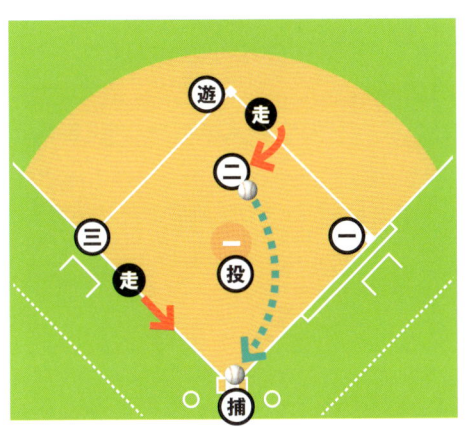

▶ 本塁で3塁ランナーをアウトにする場合

1 セカンドか、ショートが2塁ベースより前に出てボールをカットし、本塁へ送球し、ランナーをアウトにする。

それぞれの動き
ピッチャー	▸ マウンドあたり
キャッチャー	▸ 捕球後、2塁方向へ送球
ファースト	▸ 定位置
セカンド	▸ 2塁ベース／カットから本塁へ送球
サード	▸ 3塁ベース
ショート	▸ 2塁ベース／カットから本塁へ送球

▶ 3塁で3塁ランナーをアウトにする場合

1 キャッチャーの送球をピッチャーがカットし、3塁へ送球。リードの大きい3塁ランナーを3塁でアウトにする。

それぞれの動き
ピッチャー	▸ キャッチャーの送球をカットし、3塁へ送球
キャッチャー	▸ 捕球後、ピッチャーへ送球
ファースト	▸ 定位置
セカンド	▸ 2塁ベース／2塁バックアップ
サード	▸ 3塁ベース
ショート	▸ 2塁ベース／2塁バックアップ

▶目安 5回

第6章 「総合練習」編

練習メニュー 190 ｜総合練習［守備］｜ 応用 ▶難易度：★★★★☆

ランダウンプレー（ランナー1塁の場合）

▶効果：野手によってランナーが塁間にはさまれたときの動きを覚える

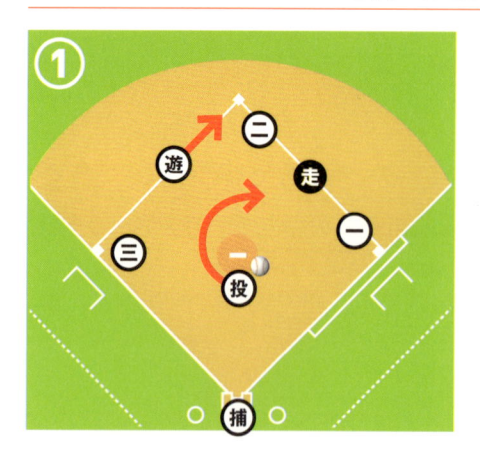

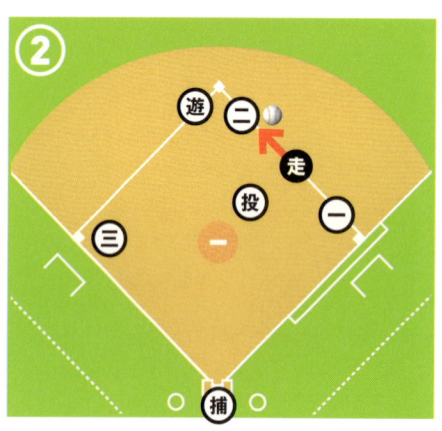

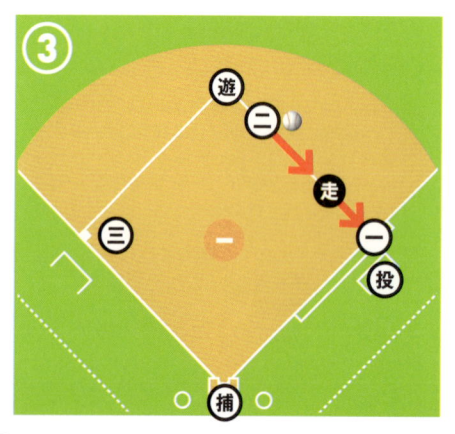

● 守備の場合

1 牽制などでランナーが飛び出す状況を作る。ピッチャーはボールを持ったままランナーに向かって走る。そのとき、1塁の方向へ追い込むようにする。

2 ランナーが2塁へ向かって走り出したら、ピッチャーは2塁ベース上のセカンドへ送球する。

3 セカンドはランナーを1塁方向へ追いながら、タッチできればタッチ、できなければファーストへ送球。ピッチャーは送球後ファーストの後ろへ移動する。

それぞれの動き

ピッチャー	ランナーを追う→セカンドかファーストに送球→1塁カバー
キャッチャー	本塁ベースカバー
ファースト	1塁ベースカバー→ランナーを追う→ランナータッチか、セカンドに送球→1塁カバー
セカンド	2塁ベースカバー→ランナーを追う→ランナータッチかファーストに送球→2塁カバー
サード	3塁ベースカバー
ショート	セカンドのバックアップ→2塁ベースカバー→ランナーにタッチか、ファーストに送球

▶目安 **5回**

練習Point

野手のポイント

送球はランナーにぶつからないように投げる相手が右利きのときはランナーの右側に、左利きのときはランナーの左側に投げます（受ける側が左右に動く）。このとき相手が捕りやすいようにボールをしっかりと見せるようにしましょう。また、ランナーを追うときは1回でアウトにできるように全力で追うようにします。

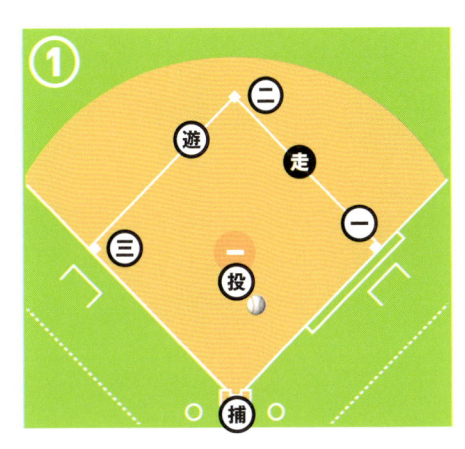

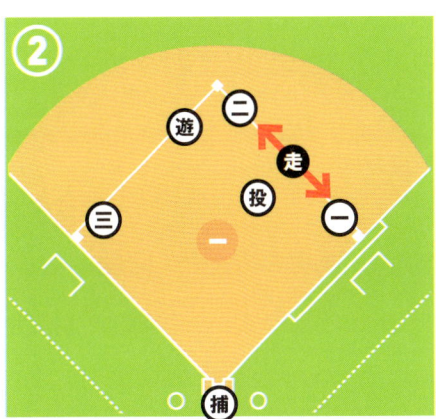

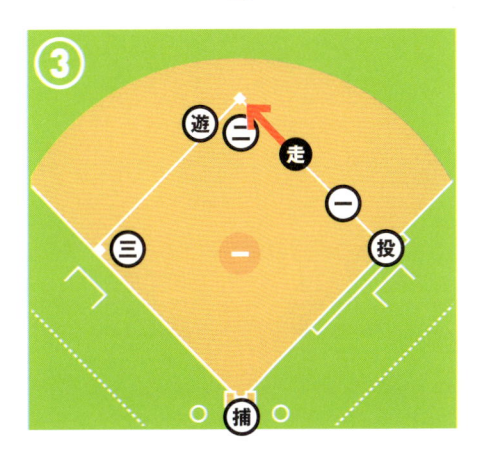

走塁の場合

1 ピッチャーのすきを狙い盗塁。1、2塁間の中間あたりで意図的に止まる。

2 ボールの位置を見て、1塁に進むか、2塁に進むかを決める。

3 守備側は1塁方向に追いこもうとしてくるので、タイミングを見計らって体を切り返して2塁へ進む。

▶目安
5回

練習Point
緩急をつけて走る
ランダウンプレーが続いているときは、アウトにならないように上手く体を切り返し、進塁のチャンスになったらスピードを上げて一気に次の塁を狙いましょう。

練習Point
どっちが有利？
ランダウンプレーは、ボールのやり取りの数が勝負の分かれ目です。やり取りが増えるほどランナーに有利になります。

第6章 「総合練習」編

練習メニュー 191

総合練習[走塁] 応用 難易度：★★★☆☆
ランナー1塁、3塁のスチール

▶効果：ランナー1、3塁のスチールの動きを覚える

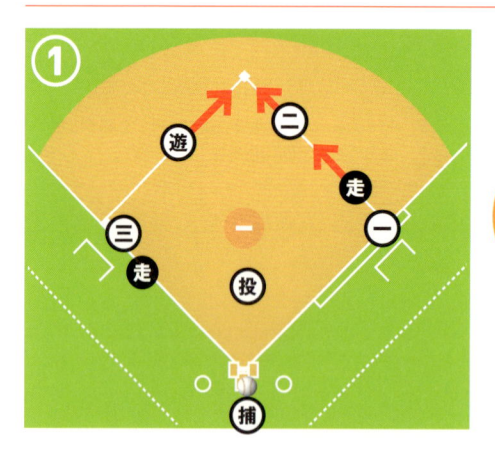

1　1塁ランナーが盗塁を担う。このとき完全にアウトになりそうだったら盗塁を途中で止め、ランダウンプレーに持ち込んでもよい。

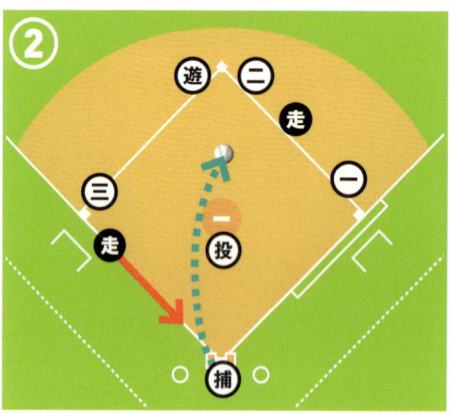

▶目安 **5回**

2　3塁ランナーは第2リードをしっかりととり、キャッチャーが2塁に送球したのを確認すると同時にスタートする。

練習Point
第2リードの大きさ次第
ディレッドスチールのポイントは、いかに気配を悟られず、二次リードをたくさんとれるかです。この大きさによって得点のチャンスは大きく広がります。

3　1塁ランナーは2塁、3塁ランナーは本塁へ進塁する。

練習Point
ボールを確認してスタート
3塁ランナーは、送球を途中でカットされてアウトにならないように、ボールがピッチャーの頭を超えたのを確認してからスタートを切ります。また、1塁ランナーが2塁に向かい、野手がそれを追っているときにスタートをきったほうがホームでセーフになりやすくなります。

練習メニュー 192

▶ 総合練習 [走塁] | 基本 | ▶難易度：★☆☆☆☆

タッチアップ

▶効果：タッチアップのタイミングを覚える

タッチアップができそうなところにフライやライナーが飛んだら、ベースに戻り、左足でベースを踏んでタッチアップ体勢へ。目線は外野へ向け、野手がフライをとった瞬間に次の塁へダッシュする。

▶目安 5回

練習Point
0アウトのときにタッチアップを狙う

タッチアップは、基本として0アウトのとき、1アウトのときはハーフウェイにリードをとります。また、3塁ランナーは2アウトでない限り、どんな打球でも外野に飛んだ場合は、タッチアップ姿勢をとっておくと、チャンスにつながります。

練習メニュー 193

▶ 総合練習 [走塁] | 基本 | ▶難易度：★★☆☆☆

ダブルスチール

▶効果：攻撃的な走塁を身につける

ピッチャーが投げるのと同時に、1塁ランナーと2塁ランナーが同時にスタートをきる。

練習Point
後ろのランナーのスタート

後ろのランナーは、前のランナーがスタートをしたのを確認してからスタートします。少しスタートが遅れても構いません。

▶目安 5回

第6章 「総合練習」編

練習メニュー 194

総合練習［走塁］
コーチャー練習

基本　難易度：★☆☆☆☆

▶効果：思いきった判断でランナーに指示を出す

●ストップ

コーチャーボックスに立ち、打球を見て次の塁に行けるかどうかを判断。進塁が無理だと思ったら両手を真横に広げて「ストップ！」と声を上げてランナーを止める。ジェスチャーは大きくする。

▶目安 5回

ストップ

練習Point
ランナーの特徴を覚える

コーチャーにとって大切なのは、相手の守備の状況とチームメイトの足の速さを理解して指示を出すことです。自分のチームが得点するためにはどうすればいいのかを考えながら指示を出すと、上手なコーチャーになれます。

練習Point
ゴーとストップの目安

ゴロが転がった場合は、野手の送球よりランナーがベースを踏むほうが早ければゴー。遅ければストップの指示を出します。同時はゴーの指示を出します。

指導者Check
思いきった判断をほめる

コーチャーはとても重要なポジションです。最初は判断に困って誤った判断をしてしまうこともあるかもしれませんが、思いきって判断したことなので指導者は怒ったりしないようにしましょう。

●ゴー

コーチャーボックスに立ち、打球を見て次の塁に行けるかどうかを判断。進塁できると思ったら「回れ！」と言いながら、右手を反時計回りに回す。ジェスチャーは大きくする。

ゴー

Training MENU of Junior Baseball 210

| 第 7 章 |

体を作るための練習メニュー

Menu 16

Training MENU of Junior Baseball 210 Chapter.7 INTRODUCTION

体を作るための練習メニューについて

大切なのはケガをしない体を作ること

　本章で紹介する練習メニューは、ほとんどがボールを扱わない体作りを目的としたメニューです。しかし、ボールを扱わない単調な練習だからといって、手を抜いてはいけません。この練習をおろそかにすると、いざボールを使った練習をしたときに、思うような動きができない、理想とかけ離れた動きをしてしまうことになってしまうのです。気を抜かず、高い目的意識を持って練習に臨むようにしましょう。

▶体を作るための練習メニュー

▶ランニング系メニュー

練習開始時のウォームアップや、練習後のクールダウンなどのランニング系メニューを紹介します。ランニングメニューは、走ることだけを目的にしてしまうと、練習が単調で選手たちも飽きてしまうので、練習を楽しむことができる工夫も大切です。

▶クールダウンキャッチボール

練習後に行うクールダウンキャッチボールを紹介しています。この練習は、肩のメンテナンスを行うと共に、肩の疲労回復の効果もあります。練習後には必ず行う練習ですので、ケガ防止の意味も込めてしっかりと行えるようにしましょう。

▶ストレッチ

肩や腕、手首などのケガ防止を目的とした基本的なストレッチを紹介しています。ストレッチをするときは、伸びているところを意識しながら行うことが大切です。また伸ばしている最中は、息を止めず、大きく吐き出すようにして行うようにしましょう。

▶体幹トレーニング

近年、多方面で注目を集めている体幹トレーニングの練習メニューを紹介しています。一番力が入るパワーポジションの見つけ方から、片足でまっすぐ立つ、かかとを上げて横に歩くなど、軸がぶれない体を作るための練習メニューを紹介します。

第7章　「基礎トレーニング」編

練習メニュー 195

▶ 基礎トレーニング　基礎　▶難易度：★☆☆☆☆

ウォームアップ＆クールダウンラン

▶効果：体のメンテナンスとケガの防止

▶目安 **10分**

他の選手とスピードや足並みを合わせ、ゆっくりとしたペースで呼吸を整えながらランニングをする。チームによっては掛け声を出しながら走る場合もある。

練習Point
ウォームアップとクールダウンランの共通の目的はケガの防止です。クールダウンには、疲労物質の1つである乳酸の除去を促進する効果があり、疲労回復を早める効果もあります。

練習メニュー 196

▶ 基礎トレーニング　基礎　▶難易度：★☆☆☆☆

シャトルラン

▶効果：体力と瞬発力の強化

▶目安 **5往復× 5セット**

── 20メートル ──

1 20メートルくらいの距離の両端に目印を置く。スタート地点から20メートル先の目印へ向けてダッシュする。

2 目印に着いたら、折り返してスタート地点にダッシュで戻る。これを5往復繰り返す。

練習メニュー **197**

▶ |基礎トレーニング| 　基礎　　▶難易度：★☆☆☆☆

クールダウンキャッチボール

▶効果：肩のメンテナンスと、疲労回復の促進

▶目安 **10分**

7～8メートルほどの距離で、軽めの力でキャッチボールをする。

第7章 「基礎トレーニング」編

練習Point

長い距離で行なわなくてもよい

クールダウンキャッチボールは、体のメンテナンスが目的の練習なので、通常のキャッチボールほどの距離をとる必要がありません。軽くボールを投げて届くくらいの距離で行います。

7～8メートル

×NG× 強いボールを投げる

クールダウンキャッチボールは、練習で酷使した肩のメンテナンスと、疲労回復を早めるのが目的です。ですので、ここで強いボールを投げたり、長時間投げ続けたりしてはいけません。疲れたと思ったらすぐにキャッチボールをやめるようにしましょう。

指導者Check

ピッチャーには アイシングのケアも必要

投げ込みなどをした投手の場合は、クールダウンキャッチボール後に、肩を15～20分ほどアイシングするようにしましょう。激しい運動を行うと筋肉の温度が上昇して、炎症やむくみを起こします。アイシングをすれば筋肉の温度が下がり、ケガの予防にもつながります。

| 練習メニュー 198 | ▶基礎トレーニング | 基礎 | ▶難易度：★☆☆☆☆ |

ストレッチ

▶効果：ケガの防止と疲労回復

●肩からわき腹にかけて

▶目安 10秒

片腕を折り曲げて、逆の手でひじを押さえる。

●肩と腕

▶目安 10秒

伸ばした片腕をもう一方の腕で抑える。

●腕と手首

▶目安 10秒

手を背中側に回し、もう一方の手で手首を握り、少し引っ張ってから止める。

●肩から手首にかけて

▶目安 10秒

ひざ立ちで上体を倒して、両腕を地面につける。片方の手を180度回転させ、10秒間止める。

指導者Check
ストレッチは練習前後に
ストレッチは、ケガの防止と疲労回復が目的なので練習前と後のメニューに組み込むようにしてください。

練習Point
ストレッチはじっくりと
力を入れるときに息を吐きます。呼吸を止めずゆっくりと伸ばしているところを意識しながら行います。

全身にかけて
▶目安 10秒

深い伸脚をした状態で、両手を組んで前に伸ばす。曲げた足のかかとは地面につけたまま、伸ばした足はつま先が上を向くようにする。

全身にかけて
▶目安 10秒

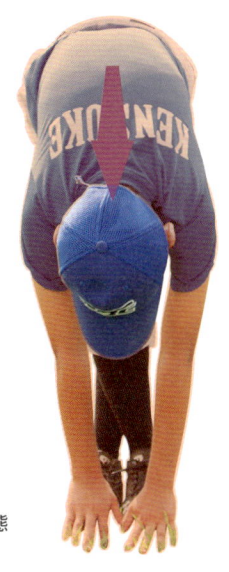

両足をクロスさせた状態で前屈する。

全身にかけて
▶目安 10秒

片足立ちの状態で前屈。両足で4の字を描くように立つ。

足から足首にかけて
▶目安 10秒

片足を後ろに回した状態で、片足立ち。後ろに回した足は両手でつかむ。

第7章 「基礎トレーニング」編

EXTRA ▶ 体幹トレーニング
体幹トレーニングについて

体幹トレーニングにおける重要な項目の1つであるパワーポジションを見つける練習。最初は指導者が一緒に練習してあげるようにするとよい。

体幹トレーニングって何？

　体幹トレーニングとは、体の中心部分となる「体幹」部分、つまり腹筋や背筋といった胴体などを鍛えるトレーニングのことです。最近では、運動能力を向上させるために必要不可欠なトレーニングであるということで、スポーツ界では体幹の重要性が注目されています。さまざまな競技のトップアスリートたちも、体幹トレーニングをとり入れており、専門家たちが効果的な鍛え方やトレーニング方法の研究を進めるなど、今最も話題を集めているトレーニングです。

体幹はどうして重要なの？

　体幹を鍛える目的は、さまざまな動きの中で「軸がぶれない体」を作ることです。体の軸がぶれていると、全身の筋肉から生み出されたパワーが分散してしまい、「全力でボールを投げているのに、球速がとても遅い」「力があるのに打球が全然飛ばない」というように、思うような力が発揮できなくなります。つまり、体幹を鍛えることで体の軸が安定し、自分の持っている力を持て余すことなく、効率的に筋肉へ伝えることができるようになるのです。

体幹はどうやって鍛えるの?

　体幹の鍛え方は、単純なものから複雑なもの、体への負荷が大きいものから小さいものまで、さまざまなものがあります。しかし、まだ体がしっかりとできあがっていない子どもたちには、あまり負荷の強いものはおすすめできません。

　そこで本書では、学童世代であっても簡単にできて、大きな効果を得ることができるものを紹介したいと思います。どれも体幹で最も大切な体の軸をしっかりと鍛えることができるものなので、何度も繰り返し練習するようにしてください。

指導者Check

まずは、指導者が体幹の問題点を見つけてあげる

子どもたちが自ら「自分の体幹やバランスがおかしい」と気づくことは、ほとんどありません。つまり子どもたちの体幹を鍛えて、ワンランク上の選手にしてあげるには、指導者の助言が必要不可欠なのです。子どもたちの体幹のバランスは、真上にジャンプさせてみたり、キャッチボールや素振りを見るだけで、真上にジャンプできてなかったり、上体が前に突っ込んでいたりするのですぐにわかります。注意深くチェックしてあげてください。

練習は子どもが楽しめるものに

　体幹トレーニングは、子どもにとっては決して面白い練習ではないと思います。したがって指導者は、体幹トレーニングに「子どもが飽きない工夫」を入れてあげる必要があります。

　その代表的な練習がバランスボールを使った練習です。不規則な動きをするバランスボールは、バランスをとるのが難しく、その上に乗ってバランスをとるだけでも効果的に体幹を鍛えることができます。そして何より、バランスボールの不規則な動きが、子どもたちにとっては、とても面白い練習になるのです。また、同じような理由からトランポリンを利用することなども効果的です。

第7章 「体幹トレーニング」編

バランスボールを使えば、子どもも楽しく練習できる。

練習メニュー **199**

▶ 体幹トレーニング　　基礎　　▶難易度：★★★★★

パワーポジションを見つける練習

▶効果：最も力が入るパワーポジションの場所を知る

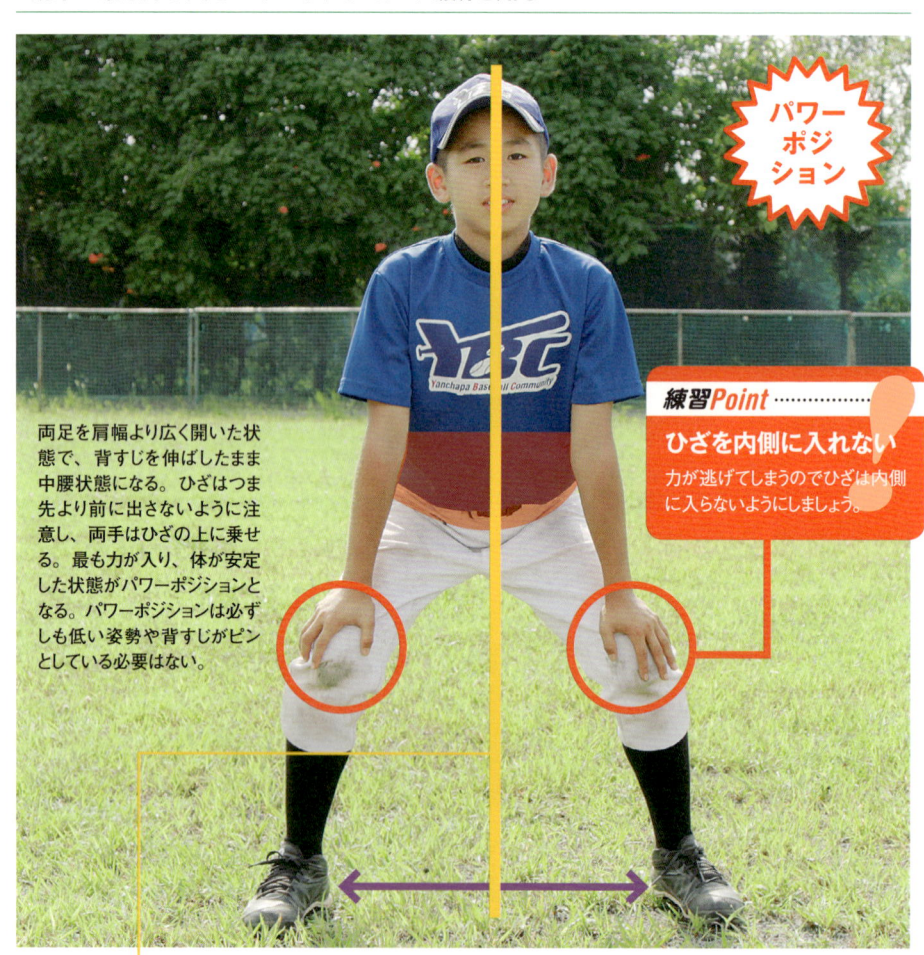

パワーポジション

両足を肩幅より広く開いた状態で、背すじを伸ばしたまま中腰状態になる。ひざはつま先より前に出さないように注意し、両手はひざの上に乗せる。最も力が入り、体が安定した状態がパワーポジションとなる。パワーポジションは必ずしも低い姿勢や背すじがピンとしている必要はない。

練習 Point
ひざを内側に入れない
力が逃げてしまうのでひざは内側に入らないようにしましょう。

▶ 横から

👁 指導者Check
前後左右から軽く押して全体のバランスをチェック

選手がパワーポジションの態勢に入ったら、指導者は選手を前後左右から軽く押してみましょう。しっかりとパワーポジションに入っていれば、少し押されたくらいでは動くことはありません。前後左右から押してみることで、どこのバランスが崩れているかもわかります。

練習メニュー 200

| 体幹トレーニング | 基礎 | 難易度：★☆☆☆☆

片足を上げてまっすぐ立つ

▶効果：体の軸を保ちながらの上下運動のコツを覚える

1 片足を軸にしてもう一方の足を少し上げる。

2 ももをベルト付近まで一気に上げ、バランスを保ちながら、ももを高く上げた状態で静止する。これを数回繰り返す。軸足がズレないようにする。

練習Point

トレーニングは必ず左右均等に行う

体幹トレーニングは、必ず左右均等に行うようにしましょう。どちらかだけをやり続けると左右の筋肉のバランスが悪くなり、体幹トレーニングの意味がなくなってしまいます。また、ももを上げ下げするときは、リズミカルに行うと効果的です。

▶ 横から

▶目安
10秒×5回

第7章 「体幹トレーニング」編

練習メニュー 201

▶ 体幹トレーニング　　基礎　▶難易度：★★★★★

鏡に向かって拇指球立ちをする

▶効果：自分の目で軸のバランスを確認する

鏡の前に立ち、かかとを浮かせて、拇指球でバランスをとりながら立つ。鏡で全身を見ながら自分がまっすぐ立っていることを確認する。

練習Point
拇指球の位置を意識
最初は難しいと思いますが、拇指球の位置を意識しながら練習すると、すぐになれます。

練習Point
拇指球とは？
拇指球とは、足の裏側にある親指の付け根の膨らんだ部分のこと。ここに重心を乗せて歩くと体が左右にぶれない理想的な歩き方になります。

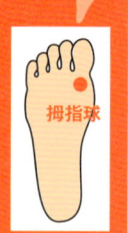

拇指球

▶目安
10秒×5回

練習メニュー 202

▶ 体幹トレーニング　　基礎　▶難易度：★★★★★

棒ジャンプ

▶効果：ムダな力を排除した正しい力の伝え方がわかる

1 背すじを伸ばして立つ。

2 1本の棒になったようなつもりで真上にジャンプ。

3 これを10回繰り返す。できるだけひざのクッションは使わない。

練習Point
背後に人を置いて練習
真上に飛ぶことができないうちは、第三者に背後に立ってもらい、補助を受けながら練習しましょう。なれてきたら自分ひとりでできるように練習します。

▶目安
10回×5セット

練習メニュー 203 ▶ 体幹トレーニング　応用　▶難易度：★★★★★

両手を垂直に伸ばし、かかと立ちで前に歩く

▶効果：前後の運動に対する体幹の強化

練習Point
徐々にスピードアップ

最初はゆっくりとしたペースでバランスを崩さないように何度も練習。完ぺきにできるようになったら徐々にスピードを速めていきましょう。

1. 右足を踏み出す。地面にはかかとのみをつける。両手は上に伸ばした状態。
2. 右かかとを軸に左足を踏み出す。
3. 同じようにかかとで着地。
4. 以降、同じ動作で10メートルほど進んでいく。

▶目安 **10メートル×5回**

第7章 「体幹トレーニング」編

練習メニュー 204 ▶ 体幹トレーニング　応用　▶難易度：★★★★★

両手を垂直に伸ばし、かかと立ちで横に歩く

▶効果：左右の運動に対する体幹の強化

練習Point
歩幅はほどほどに

かかと歩きは、前に進むよりも横に進むほうがレベルは上。大きく歩幅をとりすぎると、バランスを保つことが難しくなるので注意しましょう。

1. かかと立ちでスタンバイ。両手は上に伸ばした状態。
2. かかと立ちのまま左足を横にスライド。
3. 右足を左足に引き寄せる。
4. 以降、同じ動作で10メートルほど進んでいく。

▶目安 **10メートル×5回**

練習メニュー 205

▶ **体幹トレーニング**　基礎　▶難易度：★★★★★

両手を垂直に伸ばし、つま先立ちで前に歩く

▶効果：前の運動に対する体幹の強化

1	2	3	4
両手を垂直に伸ばし、つま先立ちで立つ。	右足を踏み出す。	左足を踏み出す。	以降、同じ動作で10メートルほど進んでいく。

練習Point
上半身も意識して練習する

下半身ばかりに気をとられがちですが、体幹トレーニングでは、上半身のバランスも重要です。常にあごを引き、背すじを伸ばすことを忘れないようにしましょう。

▶目安 **10メートル×5回**

練習メニュー 206

▶ **体幹トレーニング**　基礎　▶難易度：★★★★★

両手を垂直に伸ばし、つま先立ちで横に歩く

▶効果：左右運動に対する体幹の強化

1	2	3	4
つま先立ちでスタンバイ。両手は上に伸ばした状態。	つま先立ちのまま左足を横にスライド。	右足を左足に引き寄せる。	以降、同じ動作で10メートルほど進んでいく。

練習Point
かかとの高さと、スライドで負荷を調整する

かかとを高く上げたり、歩幅を長くすれば、さらに負荷の強いトレーニングになります。

▶目安 **10メートル×5回**

練習メニュー 207

▶ |体幹トレーニング| 　基礎　▶難易度：★★★★☆

もも上げをしながら片足で前に進む

▶効果：複雑な動きの中での前後運動に対する体幹の強化

1 「1」の掛け声で左ももを高く上げると同時に、右足で前へ軽くジャンプ。

2 「2」の掛け声で左ももを下げると同時に右足で前へ軽くジャンプ。

3 「3」の掛け声で左ももを上げて横に90度開くと同時に、右足で前へ軽くジャンプ。

4 「4」の掛け声で左ももを閉じ、ももを下げる。同時に右足で前へ軽くジャンプ。これを繰り返して進んでいく。

▶目安　10メートル×5回

練習Point
まずはリズムを覚える
この練習には、リズムが大切です。最初のうちは、ももを動かす動作と、前に進む動作が連動しない可能性もありますので、まずは「1、2、3、4」と声を出しながら、ゆっくりと動きとリズムを覚えるようにしましょう。

練習Point
両手は体の中心に
両手の位置は常に体の中心に置き、両肩も動かないように注意しましょう。

第7章 「体幹トレーニング」編

練習メニュー 208

▶ 体幹トレーニング　基礎　▶難易度：★★★★★

もも上げをしながら片足で横に進む

▶効果：複雑な動きの中での前後運動に対する体幹の強化

1
「1」の掛け声で左ももを高く上げると同時に、右足で横へ軽くジャンプ。

2
「2」の掛け声で左ももを下げる。同時に右足で横へ軽くジャンプ。

3
「3」の掛け声で左ももを横に90度開き、右足で横へ軽くジャンプ。

4
「4」の掛け声でももを下げる。同時に右足で横へ軽くジャンプ。これを繰り返して進んでいく。

▶目安
10メートル×5回

練習メニュー 209

▶ 体幹トレーニング　　基礎　　▶ 難易度：★★★★★

バランスボールで跳ねる

▶ 効果：ランダムな抵抗力に対して下半身でバランスをとる

▶ 目安
10回×5セット

練習Point
バランスボールの座り方

バランスボールで練習を始めるときは、まず浅く座り、おしりを少しずつ後ろにずらしながら、バランスが一番とれる位置を探します。体が安定したら足を肩幅くらいに開き、背すじをまっすぐに、ひざの角度を約90度にして太ももに手を置きます。無理な体勢で乗ると転倒しやすいので注意しましょう。

1 背すじを伸ばして、バランスボールの上に座る。

2 腰を使ってバランスボールを上下にバウンドさせる。

練習メニュー 210

▶ 体幹トレーニング　　基礎　　▶ 難易度：★★★★★

両手を伸ばしてバランスボールで跳ねる

▶ 効果：ランダムな抵抗力に対して上半身と下半身でバランスをとる

▶ 目安
10回×5セット

1 両手を真上に伸ばしてバランスボールの上に座る。

2 腰を使って上下にバウンドさせる。

練習Point
真横に手を伸ばして跳ねる

両手の位置が違うだけでバランスのとり方が変わります。どの位置でもしっかりとバランスがとれるようになれば、体幹はかなり鍛えられているはずです。

第7章 「体幹トレーニング」編

▶ 監修者紹介

田野倉利男 (たのくら・としお)

1954年、東京都出身。72年、ドラフト4位で中日ドラゴンズに入団。79年にはウエスタンリーグで本塁打王を獲得。翌年から1軍に定着し、ユーティリティープレイヤーとして活躍。85年にロッテオリオンズへ移籍し、88年現役引退。その後、打撃コーチをつとめる。ロッテ退団後は、全国の少年野球の普及・指導につとめる。

1972年	中日ドラゴンズ入団
1979年	ウエスタンリーグ本塁打王
1985年	ロッテオリオンズ移籍
1988年	現役引退
1989年	ロッテオリオンズ打撃コーチ就任
1990年	ロッテオリオンズ打撃コーチ退任
2006年	YBC野球塾塾長就任

大川 章 (おおかわ・あきら)

1957年、兵庫県出身。80年、ドラフト2位でヤクルトスワローズに入団。主にセットアッパーとして活躍し、入団から4年目の84年には、年間最多となる65登板を達成。89年に日本ハムファイターズに移籍し、その年のオフに引退。以後、小中学生の指導、母校の大阪商大をはじめ多数の大学チームの選手育成に力を注いでいる。

1980年	ヤクルトスワローズ入団
1989年	日本ハムファイターズ移籍
1989年	現役引退
2001年	プロ野球マスターズリーグ最優秀防御率
2006年	YBC野球塾ピッチングコーチ就任

▶ 協力者紹介

全面協力

YBC野球塾

2006年開塾。年齢・レベル・男女を問わず、初心者から上級者まで、個々の目的・目標に合わせた丁寧な技術指導を行う野球塾。

モデル協力

小松奈留 　大宅健介 　福田拓海 　蛭田奈月

渡瀬夏葉 　田野倉有紀 　村田悠介 　蛭田真成

Training MENU of
Junior Baseball

Last Message

つらい練習であっても、うれしさ、楽しさがある
それが野球の素晴らしさです

　本書では、野球選手として確実にレベルアップすることのできる練習を数多く紹介してきました。地味な練習や一見同じように感じる練習であっても、それぞれに意味があり、野球が上達したいと思う読者の皆さんにとっては、欠かせない練習メニューばかりです。

　基礎技術を身につけるためには、地味な反復練習が必要です。まだ若い選手にとって、それはつらくつまらない練習かもしれません。しかし、基礎がしっかりしていなければ、絶対に上達はありません。「継続は力なり」「練習は嘘をつかない」。YBC野球塾の合言葉でもあるこの言葉は、野球が上達したいと思っている読者の皆さんにとっても大きな意味を持つ言葉だと思います。たとえ今はつらい練習だとしても、その先には上達すること、試合に勝つことの喜び、そして野球の楽しさを感じる瞬間が必ずあります。喜びや楽しさを感じるようになると、野球をさらに好きになるはずです。

239

- ●制作協力────荒木肇・荒木竜（YBC野球塾）
- ●デザイン・DTP──大井亮・監物嶺（有限会社ザップ）
- ●スチール撮影────蔦野裕
- ●DVD制作────ジャパンライム株式会社
- ●DVD撮影────株式会社Vビジョンスタジオ
- ●DVD撮影演出────ささきたかし
- ●DVD映像編集────株式会社ケイエスプロジェクト
- ●編集・
  DVD制作協力──竹沢大樹（株式会社ケイ・ライターズクラブ）

DVDでうまくなる！
少年野球　練習メニュー210

- ●監修者────YBC野球塾［ワイビーシーやきゅうじゅく］
- ●発行者────若松 和紀
- ●発行所────株式会社西東社
  〒113-0034 東京都文京区湯島2-3-13
  電話 03-5800-3120（代）
  URL　https://www.seitosha.co.jp/

本書の内容の一部あるいは全部を無断でコピー、データファイル化することは、法律で認められた場合を除き、著作者及び出版社の権利を侵害することになります。
第三者による電子データ化、電子書籍化はいかなる場合も認められておりません。
落丁・乱丁本は、小社「営業」宛にご送付ください。送料小社負担にて、お取替えいたします。
ISBN978-4-7916-1842-2